SALVADOR PÉREZ BUENO

La transición y la deriva del presente

Una mirada al pasado desde Andalucia para entender el presente

ALMUZARA

Primera edición: junio de 2025

Editorial Almuzara • Colección Pensamiento político
Editora: Rosa García Perea
Maquetación: Miguel Andréu

www.editorialalmuzara.com
pedidos@almuzaralibros.com - info@almuzaralibros.com

Editorial Almuzara
Parque Logístico de Córdoba. Ctra. Palma del Río, km 4
C/8, Nave L2, nº 3. 14005 - Córdoba

Imprime: Gráficas La Paz
ISBN: 978-84-10528-35-2
Depósito: CO-1036-2025
Hecho e impreso en España - *Made and printed in Spain*

A todos los andaluces que confiaron en
mí durante mi actividad política.
A todos ellos les debo estas reflexiones.

Índice

PRÓLOGO

En *La transición y la deriva del presente* Salvador Pérez Bueno cabalga a caballo entre el ensayo y las memorias. Me costaría trabajo inclinarme por uno o por otra, ya que el lector va a encontrarse en las páginas de este libro con las vivencias del autor sobre lo ocurrido, en Andalucía, con carácter particular y en España con carácter más general, en un tiempo donde la dictadura franquista vivía sus últimos años y se daban los pasos para configurar un estado democrático, según los planteamientos del mundo occidental. El libro que el lector tiene en sus manos es, al mismo tiempo, la visión de quien vivió, en algunos momentos desde un lugar privilegiado, esos acontecimientos y el análisis de por qué determinadas cosas no transitaron por la senda que se había previsto por quienes manejaron las claves de aquel mundo en cambio que fue la España de los años setenta y ochenta.

Pérez Bueno, que desempeñó papeles de relevancia en la Andalucía de los años de la Transición, nos acerca a situaciones, realidades y acontecimientos que, en el presente, casi medio siglo después, parecen referidas a un mundo muy diferente al que nos está tocando vivir en los años más recientes. Era aquel un tiempo donde los límites que imponía la existencia de una democracia parlamentaria eran respetados y que traspasarlos suponía algo de tal gravedad que no se consideraba factible en dicho marco democrático. Esos límites, considerados entonces barreras infranqueables, saltan en la actualidad hechos pedazos porque se pone en cuestión el mismo edificio político que sustenta a la democracia y se están cruzando de forma continua lo que ha venido en llamarse líneas rojas.

Esta afirmación no es para el autor una cuestión baladí porque se ha llegado a un punto en que se está instrumentalizando la verdad de forma comparable a la banalización del mal de la que nos habló Hannah Arendt. Hoy, denuncia Pérez Bueno, asistimos a la mentira como un simple cambio de opinión y al incumplimiento sistemático de lo que se ha sostenido no ya como promesa electoral, sino como pieza fundamental de un comportamiento político en el que se sustentan los valores que se dice defender y que se conculcan con pasmosa facilidad.

La transición y la deriva del presente es una de esas obras que, teniendo un valor intrínseco por las reflexiones que realiza su autor, ofrecen la posibilidad de encontrar los fundamentos de un estado democrático y, en consecuencia, poder comprender mejor la situación que estamos viviendo en un presente que se nos presenta incierto no sólo desde una perspectiva de país, sino con carácter más amplio porque la llamada globalización genera consecuencias insospechadas hasta hace relativamente poco tiempo. Añádase a ello que, hasta fechas muy recientes, situaciones que se presentan con visos de cotidianeidad eran consideradas como difíciles de ocurrir en una democracia de corte occidental, a la que España se incorporó en la década de los años ochenta del pasado siglo.

Esta obra nos permite refrescar lo ocurrido en un pasado cada vez más alejado tanto en lo temporal como en lo político. Supondrá para muchos lectores rememorar acontecimientos de unos años que vivieron, que fueron considerados como modélicos, en lo referido al paso de un régimen autoritario a una democracia parlamentaria en un tiempo tan corto que hoy llama la atención. Particularmente interesantes resultan las páginas que Pérez Bueno dedica al andalucismo para conocer la importancia de su existencia, así como el valor de algunas de sus decisiones para configurar importantes realidades que nos han acompañado en las últimas décadas, no sólo referidas a Andalucía, sino al conjunto de España. Una realidad fraguada por aquel entonces —Andalucía jugó un papel muy importante en la configuración de aquella realidad— y que en los tiempos presentes está saltando por los aires.

El análisis del acuerdo alcanzado por Unión de Centro Democrático (UCD) y PSOE llevó, entre otras cosas, a que se redactase el título VIII de la Constitución donde quedaba establecido un Estado asimétrico. En dicho título se contemplaba la organización autonómica del Estado que habría de configurarse por dos vías diferentes, recogidas en sus correspondientes artículos. Suponía que tanto Cataluña como el País Vasco —a ambos territorios se los consideraba como nacionalidades históricas y así quedaba recogido en el texto constitucional—, se organizarían con estructura de gobiernos propios en el marco del Estado. Por el contrario, el resto de España, lo que incluía a Andalucía, desarrollarían su proceso autonómico por una vía diferente que, en realidad, era una simple descentralización administrativa. Señala Pérez Bueno que la existencia de Partido Andalucista, entonces PSA, fue la que rompió aquel modelo pactado por el PSOE de Felipe González y de Alfonso Guerra con los ucedistas de Adolfo Suárez. Fue el grupo andalucista en el Congreso de los Diputados, surgido de las elecciones de 1979, quien hizo saltar por los aires aquel acuerdo que postergaba, con la anuencia de los socialistas, a Andalucía y al conjunto de España respecto a catalanes y vascos.

La campaña desatada por el PSOE contra el Partido Andalucista llevó a la creencia de que los andalucistas eran unos traidores a Andalucía y ese relato, que es como ahora se denomina a difundir noticias que no se ajustan a la verdad de lo realmente ocurrido, caló en la opinión pública andaluza. En opinión de Pérez Bueno la falta de una conciencia nacionalista en Andalucía que, sin embargo, es capaz de responder emocionalmente a un agravio comparativo, fue un elemento de suma importancia para que el PSOE consiguiera su objetivo de satanizar al Partido Andalucista, que era percibido como el más peligroso de los enemigos a batir en un territorio donde el PSOE buscaba cimentar uno de los pilares de su poder para hacerse con el gobierno de España.

La transición y la deriva del presente sitúa al lector en algunas de las realidades más llamativas de nuestro tiempo, desde la perspectiva de un joven en el que había una fuerte inquietud política en la primera mitad de los años setenta del siglo pasado, en una época en la que, sobre la base de asociaciones de diferente tipo, principalmente de índole cultural —no eran posibles las organizaciones con iniciativa política—, se alimentaban los balbuceos contra el régimen. A ello se sumaban los movimientos en el mundo universitario, convertido en aquellos años en fuente de conflictos para la dictadura y la actividad en la clandestinidad del Partido Comunista —el PSOE era poco más que una entelequia carente de infraestructura— que fue quien llevó el peso de la oposición política al franquismo.

El autor rememora la importancia que tuvo el enfrentamiento en Suresnes de los viejos socialistas, anclados en una visión del pasado, con los jóvenes que, desde el interior del país, buscaban superar lo inerme de un PSOE anclado en postulados que tenían poco sentido en la España de los años setenta. Esa España, que veía finiquitar el tiempo de

Franco, era social y económicamente, muy diferente a la España de los años cuarenta y cincuenta.

En las páginas de *La transición y la deriva del presente* el lector asistirá a las maniobras, a veces muy complejas, que se dieron en aquel tiempo entre las diferentes fuerzas que configuraban lo que se denominaba la oposición democrática. Un abanico de posiciones cuyas diferencias ideológicas iban desde los monárquicos de don Juan o los defensores de planteamientos ligados al carlismo hasta socialistas y comunistas, pasando por liberales y demócrata cristianos o socialdemócratas. Una verdadera amalgama de posiciones políticas que tenía muy poco en común, salvo el deseo de poner punto final a la dictadura.

Uno de los elementos más valiosos de esta obra resulta, sin duda, del análisis de la situación política de aquellos años vista desde Andalucía, algo que se echa en falta en la numerosa bibliografía que ha visto la luz. Conocer el papel que Andalucía jugó en aquel tiempo de cambio y asentamiento de un estado democrático, homologable según los cánones establecidos en occidente es de suma importancia. Como lo es señalar los cambios que en la última década se han producido y que han venido a modificar planteamientos y formas de actividad política muy diferentes a las que se establecieron entonces. Unos cambios que sitúan al lector en el tiempo presente y que van desde el rechazo a lo que fue la transición hasta los planteamientos extremistas, tanto desde la derecha como desde la izquierda, que ponen en cuestión aquel tiempo y los logros que se derivaron en las décadas siguientes con la entrada de España en la Unión Europea. Es la llamada crisis del bipartidismo que ha desencadenado una grave inestabilidad política con la configuración de gobiernos de coalición, no vistos anteriormente. Gobiernos que, bajo el rótulo progresistas, se sostienen con al apoyo parlamentario de fuerzas muy dispares que irían desde la extrema izquierda a la extrema derecha. Unos gobiernos que han llevado a abordar el problema territorial, como señala acertadamente Pérez Bueno, de forma muy diferente a como se produjo en la Transición. Quizá porque la cuestión territorial no quedó definitivamente resuelta como sí ocurrió con la militar y la religiosa que quedaron solucionadas. No así el debate territorial que en el tiempo presente aparece enconado, y está llevando a la sociedad española a la configuración de un estado asimétrico que es la antítesis del estado de las autonomías en cuya definitiva configuración fue fundamental el papel de Andalucía.

Pérez Bueno analiza estos temas con finura y elegancia, sin que eso sea obstáculo para abordar de forma directa los retos a los que se enfrenta un Estado que no acaba de cuajar en una forma que permita dar encaje a planteamientos muy diferentes, posiblemente por la configuración histórica de lo que denominamos España.

José Calvo Poyato
Doctor en Historia Moderna
Escritor y novelista

NOTAS PRELIMINARES DEL AUTOR

Hace algún tiempo, a raíz de los artículos de opinión autocríticos que publiqué, muchas personas que en su día apoyaron mi actividad política y que lamentaban la práctica desaparición del Partido Andalucista, me preguntaban por la viabilidad de una opción nacionalista en Andalucía. Esta pregunta es ahora más frecuente a la luz de lo que está ocurriendo en España. El sistema autonómico vuelve a girar hacia la desigualdad formal y financiera, debido a los pactos recientes del PSOE con los nacionalistas catalanes para conseguir el Gobierno Central y el gobierno de la Generalitat a cambio de privilegios para Cataluña. Por ello vuelve a resurgir con fuerza el agravio comparativo.

La reacción de muchos andaluces es instintiva, sin reparar nada más que en la discriminación de Andalucía o en la denuncia de los privilegios que se quieren otorgar a Cataluña. Observo que no parecen advertir que mucho de lo que está sucediendo ahora es producto de un sistema democrático muy deteriorado resultado de la partitocracia reinante. Y en todo caso, esto que sucede últimamente es una etapa, la más aguda sin duda, de un proceso de deterioro que no nace ahora, sino que hunde sus raíces desde los inicios de la democracia en España y podía haberse evitado.

Muchos ciudadanos desprecian la separación de poderes o no saben qué es eso de los contrapesos del poder político, ni como influye en nuestras vidas diarias. Gran parte de la ciudadanía piensa que quien gana el gobierno hace y deshace como quiere. La corrupción blanda que implica el desprecio por los contrapesos y las instituciones solo preocupa a unos pocos. Y sin embargo, su descubrimiento, es el primer paso necesario para despertar a muchos ciudadanos que no perciben la forma en que avanza la degeneración política en España. Porque, como bien dice el historiador Tortella, el cuerpo político español es hoy un organismo enfermo que trata de combatir una pandemia sin tener claro el remedio. Solo tomando conciencia previa de ello se puede abordar la reforma de nuestras instituciones políticas y jurídicas.

Es bien sabido que la confianza que genera la intervención del Estado en la economía, siempre sujeta a polémica, puede merecer más o menos aprobación de los ciudadanos. Pero cuando la actuación del Estado carece de contrapesos la confianza se derrumba.

Mi respuesta a la pregunta inicial que me han hecho esas personas que ahora han visto una ventana de oportunidad para un nacionalismo andaluz, por el trato desigual que a los ciudadanos de España da el gobierno, según a que territorio pertenecen, siempre ha sido la misma: que los andaluces tenemos los mismos problemas que los extremeños, murcianos, castellanos o los de otras Comunidades españolas. Por ello o salimos todos juntos de esta situación, o no saldrá nadie sin que terminemos perjudicados.

Además, la defensa de particularismos contribuye aún más a la fragmentación del Estado. Esto va a contracorriente de los tiempos que vivimos en un mundo cada vez más globalizado y en continua transformación. En consecuencia, cuanto más se fortalezcan los partidos nacionalistas o haya mayor número de ellos, mayor será la debilidad de España.

Intento razonar a mis amigos que lo urgente en estos momentos es parar este proceso iliberal en el que nos vemos incursos en España antes de que se consolide. Y esta urgencia pasa por recuperar las instituciones deterioradas por el mal partidismo, fomentar terceras vías que obliguen a centrar los partidos en los problemas concretos y reales de la sociedad y no en simulacros con envoltorios ideológicos que sólo sirven a estos en sus luchas de poder. Hay que evitar caer en una democracia iliberal que suele ir ligada a una cleptocracia.

A su vez les recomiendo que no se dejen atrapar por el relato, la verdad oficial construida con hechos alternativos, la verdad alternativa que se separa de la realidad política. Aunque la utilización de la mentira en el ámbito de lo político siempre ha existido, como nos advirtió la filosofa Hannat Arent en *La banalización del mal,* ahora, en España, vivimos un momento agudo de este problema.

Procuro razonarles a mis amigos que cambiar de voto en las elecciones es prueba de madurez, porque es la única forma de reparar y corregir situaciones. El voto cautivo es una irresponsabilidad ciudadana. Es perder esa vara de mando que te da el voto.

Además, podemos fortalecer la sociedad civil, y ayudar a las actuaciones de la misma al margen de las estructuras gubernamentales; lo que en estos momentos parece más que necesario, dada la colonización partidista de instituciones y ámbitos sociales. La complejidad de las democracias modernas requieren la vitalidad de la sociedad civil para que la participación democrática no se reduzca a los estrechos cauces de los partidos políticos. Y esta vitalidad de la sociedad civil es la que condiciona el comportamiento de los partidos políticos en su incesante lucha de poder en la siempre inconclusa democracia.

La libertad requiere trabajo, esfuerzo ciudadano y no confiar en que porque pertenecemos a la Unión Europea, por mucho que se deteriore nuestras instituciones democráticas, nunca degenerarán tanto como para que lleguemos a lo de Venezuela con Maduro. Mientras exista el riesgo populista toda deriva resulta posible.

Por lo anteriormente dicho, me pareció oportuno compartir mis reflexiones sobre el proceso vivido y mi opinión sobre el estado actual. Obviamente no pretendo nada más que compartir ideas que nos ayuden en lo posible a entender el presente. Sin querer ser exhaustivo, centro la cuestión en el edifico democrático construido después de la transición, y particularmente en la organización territorial del Estado y la Autonomía andaluza. Y doy cuenta también del papel del Partido Andalucista durante su existencia. A la vez cuento vivencias y anécdotas personales en el periodo que transcurre desde el tardo franquismo hasta mi abandono de la actividad política. No tanto para hablar de mi, como para a través de mi dar cuenta de lo acontecido.

Considero que hoy la información cobra más importancia que nunca, porque las nuevas tecnologías producen un efecto polarizador de la sociedad. En las redes sociales se consume el producto viral, pero este no es de contenido informativo sino altamente emotivo. La polarización destruye la posibilidad de consenso y sin él se deteriora, o se destruye, la democracia.

Como sabe el lector, la valoración que se hace de cualquier situación depende de lo que se proponga como referencia de lo que es una buena sociedad. Tal referencia para mi, es la de una sociedad democrática liberal. Una forma política basada en el imperio de la ley, el funcionamiento de contrapoderes y la relativa autonomía de la sociedad civil. Aunque hoy, parece que la democracia liberal es una ilusión óptica a tenor de los que gobiernan el mundo.

Como he dicho, doy una opinión personal sin más pretensiones, pero si alguien encuentra alguna utilidad en mis reflexiones me doy por satisfecho.

Finalmente, quiero expresar mi agradecimiento a César de Bordons y a Alfonso Rodríguez Sánchez de Alva. Sin el apoyo y aliento de ellos posiblemente estaría pendiente aún la publicación de este libro.

No sé si mi canto es lindo o si será medio triste
nunca fui zorzal, ni existe plumaje más ordinario
yo soy pájaro corsario que no conoce el alpiste

Atahualpa Yupanqui

INTRODUCCIÓN

Nací en el 1949, diez años después de terminada la guerra civil. Era todavía el periodo más cerrado del franquismo. Y en cuanto tuve conciencia política deseaba que acabara la dictadura y nos adentráramos en una democracia donde florecieran las libertades. Viví con intensidad el tránsito a la democracia naciente de 1978 que creíamos que sería más traumática de lo que, por fortuna, fue en realidad; y más tarde presencié nuestra incorporación a la Unión Europea que afianzaba nuestra democracia e impulsaba nuestro progreso. Creí que la democracia se extendería en el mundo después de la caída del muro de Berlín, y que consecuentemente China, tras abrazar el capitalismo como sistema económico, también estaba abocada a la democracia en lo político conforme avanzara en el desarrollo económico. Mi fe en la extensión de la democracia se acrecentó en 2011 con los acontecimientos de la primavera árabe. Y de repente, sin esperarlo, durante la segunda década de este siglo, nos vimos envuelto en un proceso de recesión democrática en todo el mundo con el auge de los populismos, tanto de derechas como de izquierdas, que nos enseña que la democracia no es un carril de sentido único.

Por primera vez en el mundo menos del 8% de la población mundial vive en democracia plena, y los países en democracia representan menos de la mitad del PIB global. Y todo ello se produce en un mundo en transformación.

Aunque existen distintas instituciones que elaboran índices de democracia global, todas son pesimistas en sus últimos informes de 2023. La Unidad de Inteligencia de The Economist en su informe del 15 de febrero nos dice que solo 24 países del mundo fueron calificados como democracias plenas y representan el 7,8% de la población mundial. Esa misma institución en el reciente informe de 2024 reduce el porcentaje a 6,6%. El Instituto Varieties of Democracia (V-Dem) de la universidad de Gotemburgo estima el porcentaje de la humanidad que vive en democracias en el 13%.

A finales de 2024, el Banco Mundial emitió su informe sobre indicadores mundiales de gobernanza, y señala que España sufre un deterioro institucional preocupante desde el año 2000, constatando que es la potencia donde más retrocede la democracia.

El gran punto de inflexión de la historia reciente se da en 2008. La crisis económica puso en cuestión el sistema económico de posguerra que se diseñó con la Conferencia de Bretton Woods en 1944. Durante esta crisis del siglo XXI, los programas de austeridad que se implementaron dieron alas a la extrema izquierda. Y la avalancha migratoria que observamos con ojos atónitos da alas a la extrema derecha.

Hasta entonces, se creía que todo estaba encarrilado, pero España comenzó a girar en dirección diferente de cómo lo había hecho hasta entonces. Los abusos del bipartidismo imperante terminaron por despertar a los demonios. Bien es verdad que las democracias occidentales en general sufrían el agotamiento, cuando no algún tipo de deriva o fracaso manifestado en forma de corrupción, nepotismo, control de la opinión publica, o estatalismo que alimentaba el malestar y con él, los populismos de uno u otro signo.

En la España del último cuarto del siglo pasado, tras concluir la transición, después de luchar por la democracia durante el franquismo, habíamos pasado a debatir la forma de mejorar y desarrollar el sistema democrático que nos dimos en el 1978 una vez aprobada la Constitución. Pero ahora, en pleno siglo XXI, anhelamos encontrar la forma de sostener al menos los pilares básicos de la misma, ante el riesgo real de retroceder y perderlo todo a manos de los populistas atrincherados en el gobierno. De un sistema basado en la separación de poderes al que aspirábamos, se está pasando a un sistema de control centralizado por un aparato partidista. La democracia vuelve a convertirse en el centro de gravedad de las preocupaciones ciudadanas, y en centro de debate para su adecuada configuración y sostenimiento. Y ante ello, muchos españoles no hacen más que preguntarse ¿cómo hemos llegado hasta aquí?, ¿dónde están las raíces de este descarrilamiento?

En este desconcierto quieren sacar provecho los nacionalistas del norte que pacientemente venían preparando sus proyectos identitarios al tiempo que reclamaban privilegios financieros. Durante el franquismo se quiso imponer a la población la identidad nacional, y ahora ya en la democracia los nacionalistas quieren imponer una identidad local en sus respectivos territorios. En ambos casos se manifiesta la ausencia de un alto sentido de ciudadanía. Los conflictos políticos de dimensión identitaria carecen de solución factible, pero son instrumentales por su poder movilizador debido a los vínculos emocionales que tienen. Laclau, el teórico de los populismos, sostiene que las identidades, aun siendo artificiales (significantes vacíos), son necesarias para crear antagonismo y provocar la movilización política.

* * *

¿Cómo se puede hablar de progreso desde posiciones que sólo buscan el privilegio, la ruptura de lo común, el fomento de la desigualdad? ¿Lo hicimos bien en el pasado?

Puesto que vivimos con otros, convivimos, y la política es la forma de atender al común cívico. Si no viviésemos en grupos la política no seria necesaria. Pero la polarización política ha ido ganando terreno en el espacio público español paralelamente al deterioro democrático. Y el sistema de partidos que lo sostiene está cada vez más alejado de la población. La polarización es un paso previo y necesario para la autocracia y los argumentos que emplean unos y otros solo sirven para trazar trincheras entre ellos.

Aunque en España el sistema de partidos dejó de ser formalmente un bipartidismo, persisten aún dos polos incapaces de interpretar una realidad en conjunto y con la dificultad de compartir un referente institucional de confianza y apoyo a la justicia. Las necesidades reales de los ciudadanos están al margen de las agendas de los partidos que toman sus decisiones por intereses electorales o en apoyo de sus luchas de poder. En realidad, los ciudadanos, a los que solo les queda el voto, carecen de medios e instrumentos suficientes para influir en la elaboración de las propuestas políticas. A veces lo que quieren es, simplemente, que los políticos se pongan de acuerdo, y empiezan a desconfiar de las expectativas que toda democracia genera durante las campañas electorales. Y muchos empiezan a creer que la democracia está entre los peores sistemas de gestión posible sin recabar en que su cometido principal es mantenernos libres. Para estos, la pulsión autocrática se convierte en tentación irresistible por su imagen de mayor eficiencia.

* * *

Hay que mirar al pasado. Reflexionar sobre el tiempo vivido como forma de superar el desconcierto. No para buscarle sentido a nada; no para justificar nada ni justificarse uno mismo. Solo para entender el tiempo vivido. Mirarlo desde la distancia que da el verte como alguien más de ese tiempo, ya fuera de él. Como si pudieras desdoblarte en dos. El que está dentro del escenario temporal y el que está fuera como observador que no forma parte de él. Difícil tarea ésta, pero intentarlo ayuda a comprender. Y ese ejercicio es tanto más necesario cuando te das cuenta que durante el trayecto se te han caído tantas certezas y el desconcierto hace que necesites buscar nuevas brújulas para orientarte.

La realidad española ha cambiado mucho desde los años cincuenta del pasado siglo hasta nuestros días. En los pasajes iniciales de este libro, sin pretender un relato biográfico, recurro a contar en primera persona lo que igual ha sucedido a numerosas personas universitarias de mi generación. Quizás con otros matices, quizás de otras poblaciones, quizás también con recorrido político distinto. Pero el mismo tiempo vivido e idéntico entorno social, las mismas preocupaciones e igual despertar. El tránsito de muchos jóvenes de mi generación ha consistido en pasar de identificarse con el marxismo durante los años del tardo franquismo a manifestarse como liberales ya en plena democracia e integrados en la Unión Europea. Y ahora asistimos con incertidumbre a la crisis permanente en que vivimos. ¿Tendremos que movilizarnos otra vez, en este caso para promover la resistencia democrática en España?. Sucede que a veces no parece darnos cuenta de la fragilidad del modelo liberal-social que hemos asumido. No será el mejor de los mundos posibles que podemos soñar, pero si es la organización político-social mejor que se ha conocido en la historia. Y puede deteriorarse como está ocurriendo ahora en España. Pero también puede desaparecer como ya ocurrió en la Venezuela de Chaves o la Alemania de Weimar. Sería el fin de la promesa democrática que nos movilizó a finales del franquismo y en la transición.

Al menos tendremos que aferrarnos a alguna esperanza. Como la manifestada por el economista americano Paul Krugman en su análisis del mundo global, también aplicable a España: «Si nos enfrentamos a la Caquistocracia —el gobierno de los peores— que está surgiendo en estos momentos, puede que con el tiempo encontremos el camino de vuelta a un mundo mejor». La esperanza es lo último que se pierde.

UNA LOCALIDAD COSTERA EN LOS INICIOS DEL FRANQUISMO

De niño solía pasar largas horas con la mirada perdida frente al mar en los acantilados de Nerja, mi pueblo natal. Ahora, en ese mismo escenario, muchas veces, me vuelvo a sentar para perderme en mis reflexiones durante los días luminosos que habitualmente bañan esa zona costera. Es en otoño cuando el cielo se viste con su azul más intenso, se desnuda de neblinas despejando el aire, y la naturaleza se ofrece con nitidez a los ojos de quien quiera contemplarla.

Bajo estos acantilados el mar casi siempre permanece inmóvil. Como un espejo, reflejando el sol radiante de las tardes otoñales que colorean el ambiente con el dorado moscatel de la luz de la Axarquía. A la espalda de los acantilados se yergue sobre el mar la montaña que circunvala el casco urbano abrigándole de los vientos del norte. Y el pueblo, blanco de cal, reflectando la luz cegadora del sol, se extiende por la superficie con inclinación ascendente hasta los pies de la montaña de sierra Almijara. Las edificaciones llegan hasta donde le permite la elevación más acentuada, que coincide casi donde empieza la Cuesta del Cielo, el pico más próximo al pueblo, que en su parte lateral muere sobre el mar con los acantilados más abruptos, los acantilados de Maro.

El balcón, al que Alfonso XII denominó Balcón de Europa, desde donde contemplaba el espectáculo natural, es la zona rocosa donde termina el centro urbano del pueblo y la más adentrada en el mar, que a modo de cubierta de un barco portaaviones parece navegar por las aguas mediterránea frente a las costas de África. Desde la Cuesta del Cielo, esas costas podían ser vistas muy lejanas, aunque solo en escasos días muy diáfanos. Pero desde el Balcón de Europa se contempla con nitidez contornear los perfiles de Cerro Gordo y detrás de él la Punta de la Mona, que son parte de la montaña derramada hasta el mar que dibuja ese trozo de costa brava desde Torrox hasta Salobreña. Cerca de la playa de Burriana, las estribaciones calizas conforman los acantilados de Maro que desde 1989 fueron protegidos como Paraje Natural. Desde allí son visibles también las almenaras, esas torres-vigía que permanecen como testigos mudos de cuanto acontece en el mar.

Siempre que viajo al pueblo, siento la necesidad de acercarme a este balcón de la naturaleza, para gozar de esa belleza gratuita que se ofrece para todo aquel que quiera nutrir su sensibilidad y calmar su espíritu. De niño lo hacía casi diariamente. Pero a pesar de la espectacular panorámica y su calidad ambiental, no podía valorar completamente lo que se me ofrecía a la vista. Nací contemplándolo y me habitué a ello, y sin saber por qué, sentía una constante atracción que me empujaba casi a diario a dar al menos un pequeño paseo en ese lugar de ensoñación. Quizás, porque la quietud y la paz que encontraba te embriagaba sin saberlo, y te proporcionaba confort y relajación.

Hoy día, esa paz y quietud se ve alterada por la continua y masiva presencia de turistas de todos los países del mundo y también nacionales. El contraste entre el pueblo de mi niñez y el de hoy es abismal. No tanto por el paisaje, solo alterado parcialmente por el desarrollo urbanístico, como por el cambio acaecido en el modo de vida, en lo económico, en lo social y lo político. Como en toda la costa mediterránea, el ladrillo y el turismo transformó las condiciones económicas y de vida de la población.

* * *

Los años cincuenta, eran tiempos de escasez. Aún tengo vagos recuerdos de mis primeros años de niñez, cuando en los colegios, a media mañana, durante el horario de recreo, daban a los niños leche en polvo y un trozo de queso fundido que decían que provenían de la ayuda americana. En 1953, los Estados Unidos habían firmado con España un acuerdo para la instalación de bases militares en las poblaciones de Rota y Morón de la Frontera. Y desde entonces comenzó la ayuda americana. En realidad Franco vendió soberanía para sobrevivir como satélite estratégico de Estados Unidos.

Eran tiempos en los que los niños que querían hacer deportes tenían que pertenecer a la OJE (Organización Juvenil Española), que se encuadraba en la Falange. Era parte de la estructura del Estado Totalitario de entonces, de la dictadura franquista. Pero era la única forma de participar en las diversas competiciones deportivas para niños puesto que te ofrecían los medios para ello. No había alternativa; lo único posible y habitual era jugar en la calle al fútbol, en los primeros tiempos con una pelota de trapos, fuertemente sujetos con cuerdas, hecha por los propios niños. Con esas edades no se entendía de política, y al respecto, en las casas familiares, reinaba un silencio absoluto sólo interrumpido por los partes oficiales del gobierno en las emisoras de radio que, reiteradamente en el día, se hacían notar machaconamente como una verdad revelada. Sólo había espacio para la propaganda del régimen existente.

En el inicio de esa década, 1951, fueron apresados los últimos guerrilleros del maquis, que se escondían en la sierra de Almijara y en Sierra Tejeda. Dicen que, en una playa de Lagos, una aldea costera de Vélez-Málaga. Habían permanecido escondidos y luchando tras la finalización de la guerra civil en 1939. Yo no empecé a enterarme de estas cosas hasta mediados de los años sesenta, cuando mis padres, por mi edad, juzgaron pertinente darme información sobre lo acontecido en sus vidas durante la historia pasada. Mis padres, como ocurría en tantas familias vivieron la guerra civil en los dos bandos. Mi padre, a quien el alzamiento le sorprendió haciendo el servicio militar en Melilla, sirvió en el ejército nacional, aunque sin llegar a estar en el frente; mi madre era republicana como toda su familia, y tuvo un hermano en el frente. Pero me hablaban, cada uno según su parecer, sin trifulcas entre ellos. Y nunca, a lo largo de mi vida, ninguno de los dos censuraron mis opiniones políticas que lógicamente fueron cambiando en el tiempo a compás del proceso de maduración que se produce en los jóvenes conforme van cumpliendo años, y, en mi caso, como resultado también de la acción política que desarrollé.

EN LOS AÑOS 60, INICIO DEL DESARROLLISMO FRANQUISTA

Todo comienza a cambiar en los años sesenta. No salí del pueblo hasta inicio de esa década, cumplidos los diez años. Al principio a la capital provincial, Málaga, a dónde íbamos obligados los niños que queríamos cursar estudios de bachillerato a realizar los exámenes por libre ya que no existían centros de enseñanzas para ellos en ninguna otra población cercana. Y después fui a Sevilla, y más tarde a Madrid, a colegios de los padres escolapios a continuar los estudios bajo la forma de seminarista.

Como en tantos pueblos de Andalucía, por los distintos colegios pasaron padres escolapios seleccionando niños para formarlos en sus seminarios. Era algo muy habitual en aquella época. Desconozco la forma de selección y cómo los profesores locales ayudaban a estos padres escolapios a escoger a los niños. Sólo sé que cuando se lo propusieron a mis padres, estos aceptaron sin que yo recuerde cómo me lo plantearon a mí. Estudiar era un privilegio que no estaba al alcance de todos los niños. Para mis padres con seis hijos resultaba insostenible y eso, independientemente del número de la prole, es lo que hacían tantas familias de pueblo. Más tarde comprendí que para ellos era una manera de dar posibilidades de estudios a los hijos. De esta forma, en el año 1961, año de la inundación del

Tamarguillo en Sevilla, realicé mis estudios de segundo curso del Bachillerato Elemental, que así se llamaba entonces, en los escolapios de Sevilla, en la plaza Ponce de León. Y de allí me trasladaron a Getafe, en Madrid, a realizar el tercer curso.

Fueron dos años de internado, en los que toda la vida se reducía al interior del colegio. Terminado el curso escolar en tierras madrileñas, pedí a mis padres que desistieran de enviarme nuevamente al colegio de los escolapios, pues, tras dos años de prueba, yo no encontraba satisfactoria mi vida en esa suerte de encierro. Por lo demás, lo único que recuerdo es cómo pasaba todo el tiempo entre horas de estudios y horas de oración.

Posteriormente, hube de realizar el bachillerato superior y preuniversitario en el instituto de Vélez-Málaga, población cercana a Nerja, que por aquellos años había estrenado instituto. Por aquel entonces empezaba a alternar el trabajo en vacaciones con los estudios en invierno. Trabajé de educador para cursos infantiles en un Colegio Menor, de administrativo en una caja de ahorros, y de camarero los veranos en un merendero de la playa de Burriana en Nerja y también en un restaurante en la Carihuela de Torremolinos. Es el periodo en que se despierta la conciencia política que más tarde en la universidad se acentuó hasta desembocar en militancia política.

* * *

En esos años el franquismo puso en marcha lo que llamaba los planes de desarrollo; con gran propaganda para imputarse unos logros que correspondían a la sociedad en su conjunto. El crecimiento económico fue intenso y fue posible por el abandono de las políticas autárquicas y la apertura económica tras el Plan de Estabilización del año 1959. Son años, también, de una intensa emigración hacia las zonas industriales del norte de España, y hacia el extranjero, en un gran proceso de transformación de la economía española que, como nos enseñó el economista Ramón Tamames, tenía sus centros de gravedad en el triangulo Cataluña, País Vasco y Madrid favorecidos por el franquismo. Era un modelo de desarrollo desigual en el que gran parte de España estaba relegada para propiciar la acumulación de capital en dichos centros de gravedad. Cataluña se beneficiaba de la mano de obra inmigrante, en gran parte andaluza, y se enriquecía vendiendo sus productos industriales a un mercado protegido, el español, con barreras comerciales a los productos extranjeros. Y así mismo el ahorro andaluz, en gran parte proveniente de las remesas de emigrantes, como también el del resto de España, era dirigido hacia la financiación de infraestructuras en Cataluña y el País Vasco a través de las Cajas de Ahorro a las que se les imponía un coeficiente de inversión obligatorio para tales fines.

Andalucía, en esos años, era una tierra de obreros emigrantes en contraste con la Andalucía del siglo XXI convertida en tierra de inmigración. Hoy la emigración andaluza está referida a los universitarios andaluces que terminan sus respectivas carreras y pasan a engrosar la fuerza laboral cualificada de otros países, principalmente europeos, ante la falta de perspectiva en su tierra. Pero en 1970, los andaluces residentes en otras regiones representaban más de 21% de la población total de Andalucía. Esa sangría fue remitiendo a partir de los años ochenta.

El desarrollo desigual se venía produciendo durante todo el desarrollo del capitalismo en España. En la revista *Papeles de Economía Española*, nº 35, de 1988, aparecían los datos estadísticos de la evolución del Producto Interior Regional Bruto (PIRB) de Andalucía con respecto a la media de España. En 1800 era del 24,7%, un siglo después, en 1907 era del 20,8%, y ochenta años después, 1985, era del 12,5%. Es muy relevante el declive andaluz por contraste con otras regiones, centros de gravedad de la economía española. En Cataluña del 8,3% en 1800 pasó al 19,4% en 1985. Y Madrid subió, en ese mismo periodo, del 2,4% al 10,2%.

* * *

En el instituto de Vélez Málaga, con dieciocho años, estudiando preuniversitario, tuve uno de mis primeros sustos con el régimen al colaborar con la revista impresa que hacíamos los estudiantes. Yo había leído un libro de Maxence Van der Meerch titulado *El coraje de vivir* para comentarlo en la revista. El libro hacia una intensa crítica a las condiciones en que trabajaban los obreros. Cuando lo entregué a mi profesor de literatura, entonces director de la revista estudiantil, me llamó para decirme que no podía publicarlo porque el director del Instituto no lo iba a tolerar, e incluso había riesgo de ir a la cárcel. El director del Instituto era un militar del servicio de meteorología que nos daba clase de física. La solución que me ofrecía era rehacerlo, suprimiendo algunos párrafos e intercalando críticas al comunismo, para evitar contrariedad alguna. En aquel entonces no entendía bien lo que sucedía, pero me avine a ello y reescribí el artículo que finalmente fue publicado.

* * *

Aunque el boom turístico que transformará completamente la fisonomía y la economía del pueblo se inicia allí a mediados de los años sesenta, no alcanza hasta los setenta una considerable entidad. A ello contribuyó la propaganda que impulsó el descubrimiento de la Cueva de Nerja en 1959, aunque tardó algunos años en ser acondicionada para permitir las visitas.

El interés que demostró tal descubrimiento era lógico al conocerse el nacimiento prehistórico de la villa. El hombre habitó la Cueva en la tercera fase del Paleolítico, el Paleolítico Superior. Aproximadamente hace 20.000 años. Es el primero de los dos grandes periodos (Paleolítico y Neolítico) en que se divide la edad de piedra.

Esta riqueza prehistórica contrasta con la densa niebla histórica que no se disipa hasta la Era Cristiana. Concretamente en el siglo décimo aparecen las primeras noticias de la existencia de una aldea árabe a orillas del río Chillar, Narixa (Nerja). Solo se conoce, con anterioridad a esta aldea árabe, la existencia de una población romana llamada Detunda en lo que es hoy la pedanía de Maro, a cuatro o cinco kilómetros del casco urbano de Nerja.

En general, a partir de los sesenta, el turismo costero en España, con más intensidad en la Costa del Sol, inició un despegue imparable convirtiéndose en la actividad estrella y de futuro de Andalucía. La Costa del Sol se hizo internacional, y en esos años constituía un mundo aparte en la realidad económica y social de Andalucía y España.

Cuando muere el dictador, en España ya se había configurado una gran clase media consecuencia del intenso crecimiento económico sostenido hasta la crisis económica de 1973. En lo político el franquismo estaba consolidado después del acuerdo con los Estados Unidos en 1953, para la instalación de las bases americanas en España, y la apertura comercial con el Plan de Estabilización de 1959.

Ese mismo año coincide la visita de Eisenhower a España y el triunfo de la Revolución cubana. En el mundo, la década de 1960 se inicia por ello con un embargo comercial, impuesto por los Estados Unidos, al Régimen de Fidel Castro. Pero España no solo no se sumó al embargo, sino que en ese mismo año firma un acuerdo comercial con Cuba. Cuanto menos, resulta contradictorio que el dictador Franco, protagonista de una cruzada anticomunista, se entendiera con Fidel Castro, dictador comunista, apoyado por Moscú como se evidenció en la crisis de los misiles de 1962.

En 1959, año de la Revolución, Cuba era el segundo país más rico de Sudamérica. El primero era Venezuela. Ambos ahora están en la miseria y sin libertades, aunque han llegado a ello por procedimientos distintos. Cuba mediante una dictadura comunista producto de una revolución y Venezuela ocupando las instituciones e implantando un régimen iliberal, lo que se viene en llamar una usurpación democrática sostenida por el populismo. Parece que una dictadura resultado de una revolución, como se ha visto en Cuba, tiene más posibilidades de pervivir que la usurpación, aunque se equipare a una dictadura, como en Venezuela, porque proscribe la libertad en vez de corromperla.

Entre los universitarios españoles, Fidel Castro y Che Guevara, serían idolatrados como políticos revolucionarios durante los años de lucha antifranquista; y el marxismo asumido con la misma fe de una religión. Quizás como una nueva forma de espiritualidad en la que recogerse. La escritora y filosofa Susan Sontag nos dice que antiguamente la religión era además de una manera global de ver el mundo, también una forma de gobernarlo. Y apunta que, con la descomposición del sistema religioso en Occidente, nuestra espiritualidad ha quedado sin abrigo, en carne viva, en exilio. Y quizás ello sustente la proclive actitud de los jóvenes con las nuevas ideas revolucionarias que demandaban un mundo nuevo.

LA BÚSQUEDA DEL CAMBIO POLÍTICO EN LA DÉCADA DE LOS 70

En España, la década de los setenta estuvo marcada por la crisis económica del 73, la muerte de Franco en el 75 y la Constitución del 78. Y Andalucía, en 1977, se movilizó por su autonomía el 4 de diciembre.

* * *

En los inicios de esa década, con mis amigos, en la Universidad, se encendían nuestras pasiones políticas con las lecturas de los libros prohibidos, muchos de ellos de iniciación al marxismo. Casi todos empezábamos con *Los conceptos elementales del materialismo histórico* de Marta Harnecker como si fuera un catecismo, al que seguían numerosos autores, terminando en los clásicos de Marx, Lenin y Mao.

Entre los jóvenes lo prohibido siempre despierta especial atracción. Pero en las condiciones de esa época se acrecentaba el interés por los libros prohibidos debido a la falta de libertad. En gran medida buscábamos una autoformación en lo político con los riesgos inherentes de escoger mal lo que después nos va a influir decisivamente. Como dice Fernando Savater refiriéndose a los jóvenes estudiantes: «Lo importante no es que piensen por sí mismo, ninguno lo hemos hecho, sino que elijan con fortuna los apoyos intelectuales de los que van a valerse». Esto es predicable en cualquier tiempo que escojamos. Por ejemplo, en el tiempo presente, de sociedades abiertas y mentes de tribus, cosmopolitas e identitarias, donde las ideologías, al decir de la escritora Antonella Marty, son brújulas rotas separadas de la realidad. Dicen que somos lo que sabemos. Pero Borges corrige y dice que somos lo que leemos, porque lo que sabemos lo aprendemos de los libros.

Entonces los jóvenes andábamos bastante perdidos, y hasta que por ti mismo no alcanzas la madurez te pasa lo que cuenta en un verso el poeta Manuel Machado: «Pasé muchos años buscándome sin hallarme».

En los primeros cursos en la Facultad de Económicas de Málaga, tuve que interrumpir los estudios para realizar el servicio militar. Mi padre perdió el empleo y las dificultades económicas se acrecentaron en una familia que era numerosa; no pude pedir prórroga para continuar los estudios y por eso mi incorporación a filas. Los ingresos que yo obtenía trabajando en las temporadas veraniegas no alcanzaban tampoco para sostenerme un curso entero en Málaga. Al terminar la mili, aprovechando la creciente afluencia del turismo, puse en marcha un negocio familiar con gran éxito; una cafetería en el centro turístico del pueblo que pudimos abrir en febrero de 1973. Pude entonces comprarme mi primer coche, un Simca de color blanco, con el que en los años siguientes me desplazaba a Málaga todos los días lectivos a continuar mis estudios universitarios. Lo hacía por las tardes, pues estaba matriculado en los cursos de la tarde-noche. A veces viajaba a la Facultad con el secretario del Ayuntamiento de Frigiliana de aquella época; también de ideas opositoras al franquismo. Como yo, estaba matriculado en el mismo turno, y alternábamos el coche en que viajábamos utilizando nuestros respectivos vehículos. Por esos años, esos desplazamientos que hacíamos, a menudo resultaban baldíos, pues las clases eran interrumpidas por las numerosas huelgas universitarias ya en las postrimerías del franquismo.

La cafetería que regentaba, en esos años, se convirtió en un centro de reuniones políticas. Yo militaba en Alianza Socialista de Andalucía, posteriormente transformada en el Partido Socialista de Andalucía (PSA), y que años más tardes pasó a denominarse Partido Andalucista (PA).

Entonces estábamos con otros partidos políticos, entre ellos el comunista, en la Junta Democrática, uno de los organismos que aglutinaba a parte de la oposición democrática. La Junta Democrática, constituida en 1974, perseguía la ruptura con el régimen franquista mediante la movilización ciudadana. La ruptura democrática como medio de vehicular el tránsito a la democracia en España.

El otro organismo de oposición democrática era la Plataforma de Convergencia Democrática, constituida un año más tarde, en 1975, y formada por los partidos que no querían estar junto al Partido Comunista para evitar la hegemonía de este, entre ellos el PSOE.

Un año después, en 1976, ambas plataformas se fusionaron dando lugar a Coordinación Democrática, popularmente conocida como la Platajunta.

Esta actividad política hizo que hubiera una continua vigilancia de mi cafetería por parte de la guardia civil. Aún recuerdo los consejos de un teniente de la guardia civil, Mateos, muy buena persona y de cuyo hijo yo era amigo, que me advertía con expresiones como «no te metas en estas cosas, hombre, que te van a traer problemas; que nos han mandado que estemos pendientes de vosotros». Lo cierto es que esto era bien conocido y ello propició que se me acercara mucha gente, unas a tomar contacto político, otras simplemente a cambiar impresiones. La curiosidad trajo hasta mí a personas que vivieron la guerra civil de manera protagonista en la localidad. Así pude conocer al último alcalde del pueblo en la República, ya el hombre muy viejo. Y así conocí a uno de los últimos maquis de la sierra, Centurión, que finalmente había estado desterrado. Y a muchas personas más que me contaron numerosas anécdotas e historias.

Centurión era el «práctico» de un grupo de guerrilleros de Nerja del que su hermano era el jefe. El refugio de este grupo estaba debajo del Tajo Almendrón en Sierra Almijara. A su vez, el grupo guerrillero formaba parte de un grupo mayor de Sierra Nevada cuyo jefe era Ramón Díaz. Todas las navidades se reunían en el Cerro el Lucero. Y allí, en 1947, consiguieron reunirse sobre 300 guerrilleros. Al parecer, en 1948 habían recibido instrucciones para terminar con la guerrilla y se sembró el desconcierto entre ellos. En la navidad de ese año, fueron rodeados por la guardia civil que les había dejado pasar por los diferentes accesos vigilados para cogerlos a todos ellos juntos. Pero pudieron escapar, no terminó como preveía la guardia civil, y los guerrilleros no se explicaban, ni pudieron averiguar, cómo los guardias sabían que iban allí. La desconfianza anidó entre ellos.

La última reunión a la que él asistió la tuvieron en el rio Chillar un año después, en 1949. Ese mismo año a su hermano lo mataron sus propios compañeros. Y a finales de octubre o principio de noviembre Centurión bajó de la sierra, por el barranco de Maro y de allí por la Fuente del Esparto hasta Nerja, para entregarse abandonando la guerrilla. Le condenaron a 25 años de cárcel. Salió indultado después de dos años y medios de condena y exiliado del pueblo. Hasta 1951 no cayeron los últimos guerrilleros en Lagos, que en números eran sobre unos 50.

Durante un tiempo los maquis fueron un brazo armado de oposición al franquismo porque creían que el triunfo de los Aliados en la segunda Guerra Mundial podía conllevar la caída del régimen. No fue así, y en 1956 el Partido Comunista de España declara su nueva política de Reconciliación Nacional. En el mismo sentido, más tarde en 1962, los liberales, demócratas-cristianos y socialistas, reunidos en Múnich, también quisieron enterrar la guerra civil e hicieron una declaración política que el Régimen denominó como Contubernio de Múnich.

Lo cierto es que, para el maquis, sin la colaboración de gente del pueblo no hubiese sido posible mantener la guerrilla. Centurión me contó numerosas anécdotas sobre ello. Como «práctico», la forma de operar de Centurión para obtener los suministros, me describía que lo hacia con enormes cautelas para no descubrir a los que le ayudaban. El lugar de citas era un establo, casa Manolo, en un cortijo en las proximidades al pueblo. Llamaban así al establo porque había un becerro al que llamaban Manolo para despistar a los otros sobre su ubicación. Cuando Centurión llegaba allí colocaba una piedra en un sitio convenido para señalización y se escondía en las cañas que estaban junto al establo. Al llegar el dueño del establo y ver la piedra de señal, sabia que estaba en las cañas. El dueño entraba en la casa y sacaba el suministro (comida, tabaco etc.) que iba a entregarle donde se escondía.

Me contó innumerables anécdotas, pero ponía mucho énfasis en la locura de sangre y odio que anidaban en ambas partes, guerrilleros y nacionales, y describía con pesadumbre el sin sentido de la prolongación de la lucha guerrillera una vez terminada la guerra civil. El relato de este hombre, de pelo cano y mirada vivaracha, me causó tan honda impresión que acentuó mi repulsa a la violencia como forma de acción política. Pude seguir sus explicaciones sobre sus itinerarios de actividades porque los montes por los que desplegaban sus acciones yo los conocía debido a las excursiones y acampadas que en mi adolescencia hacíamos algunos amigos. Subíamos al Cerro el Lucero, al Tajo del Almendrón y hasta la mayor elevación montañosa, el Navachicas, a 1832 metros de altitud, que constituye el techo de Sierra Almijara. No me resultaba difícil por tanto seguir sus explicaciones.

* * *

Por aquellos años, finales de 1972 o inicios de 1973, habíamos creado una asociación cultural a la que pertenecían personas de diferentes ideologías de la oposición al régimen. Todos éramos tremendamente idealistas y sin aversión al riesgo que implicaba las actividades a desarrollar. Se nos ocurrió, creo que fue a finales del año 1973, pedir una subvención municipal para realizar un conjunto de actividades. El alcalde de entonces me llamó para comunicarme que nos la iban a conceder, pero que teníamos que saber, nos advertía, que «todos teníamos que girar en la misma dirección como las manecillas del reloj». Y ya sabíamos que quería decir esto.

Entre las actividades que organizamos estaba una obra de teatro, *Antígona*, y una conferencia del profesor Jordi Solé Tura, entonces dirigente comunista del PSUC en Cataluña y posteriormente padre de la Constitución democrática de 1978.

La elección de *Antígona* como obra de teatro se debía al mensaje que trasmitía: las leyes de los hombres para ser justas tienen que tener un respaldo moral y cuando no es así se alejan de los principios fundamentales del hombre. Pudo representarse sin problemas quizás por ignorancia o por las dificultades de interpretación para la policía secreta o la guardia civil, o quizás porque no era un libro prohibido. Por el contrario, la conferencia de Jordi Solé Tura fue prohibida, y el alcalde montó en cólera haciéndome saber que no habría más ayuda para la asociación.

Años más tardes, en 1976, coincidí con él en un debate público sobre el referéndum de la reforma política que propugnaba Adolfo Suárez. Naturalmente, el exalcalde ya, pedía el voto negativo a dicha reforma puesto que defendía el mantenimiento del régimen franquista ya sin Franco. Yo defendía la abstención. Era la posición común de la oposición democrática al régimen. Estábamos convencidos de la insuficiencia de las reformas, y desconfiábamos de las verdaderas intenciones democráticas de los sucesores del régimen de Franco, liderados por Adolfo Suárez, que pedían el voto afirmativo. Como ya sabemos el proyecto de Adolfo Suárez fue el claro vencedor del Referéndum.

Hasta 1975, año de la muerte de Franco, la oposición al Régimen residía en la juventud universitaria, pocos obreros y la organización comunista del PCE. Los jóvenes vivíamos con intensidad e ilusión la esperanza de algo nuevo. Estábamos bastantes radicalizados y por esas fechas devorábamos todos los libros que habían estado prohibidos, muchos de ellos todavía clandestinos, que ya circulaban por las librerías. Muchos profesores hablaban abiertamente contra el Régimen y alentaban a los estudiantes en su oposición política. Aún recuerdo la conferencia que dio José Luis Sampedro en el paraninfo de la Facultad de Económicas de Málaga, creo que fue a finales de 1973, días después del golpe militar en Chile, y que fue interrumpida por la brigada político-social de la policía tras iniciar su intervención con más o menos estas palabras: «El problema del subdesarrollo en el mundo va unido a situaciones como el asesinato de Salvador Allende en Chile». Estas palabras encendieron a los estudiantes, que en esos días creían como falsa la versión oficial del suicidio de Allende.

Las huelgas universitarias se producían casi a diario, pero el Régimen aguantó hasta que el dictador murió en la cama el año 1975. Adolfo Suárez ganó ampliamente el referéndum para la reforma política y la oposición tuvo que pasar de la ruptura democrática a la reforma pactada.

Cuando se empezaba a preparar la Constitución, en Andalucía, el 4 de diciembre de 1977, tuvo lugar la gran manifestación de demanda autonómica que marcó todo el proceso autonómico posterior. Convocados por los partidos políticos y sindicatos andaluces, más de un millón y medio de personas salieron a la calle en Andalucía. Yo participé en la manifestación de Málaga donde vivimos la carga violenta de la policía que provocó la muerte de García Caparrós. Esta innecesaria y contraproducente carga policial se produjo tras el intento de un joven de colocar la bandera de Andalucía en la fachada de la Diputación.

* * *

Con el proceso constituyente que se abrió a la muerte de Franco se daba paso por fin a la idea de una España sin vencedores ni vencidos, siguiendo la estela de la política de Reconciliación Nacional del Partido Comunista y de la declaración del Congreso del Movimiento Europeo o Congreso de Múnich de socialistas y liberales.

La Constitución de 1978 abría por primera vez en la historia de España un periodo de entendimiento donde no triunfaba una mitad contra otra mitad, sino la España de todos. Lo expresa muy bien Fernando Savater al decir que fue una muestra de templanza colectiva: «la transición fue posible porque los franquistas renunciaron a defenderse con el poder que tenían, y los antifranquistas no cedieron a las ansias de venganza por lo mucho padecido». Sin marginación de ninguna fuerza política, la alternancia se produciría durante un tiempo con absoluta normalidad, sin apartheid ni muros infranqueables entre las fuerzas democráticas, hasta que en el siglo XXI, tras la crisis económica de 2008 y la llegado del populismo al gobierno se empezaron a torcer las cosas.

España era el último país del sur de Europa que dejaba atrás la dictadura. Con anterioridad lo había hecho Portugal con la revolución de los claveles, iniciada el 25 de abril de 1974, que acabó con la dictadura que tenían desde 1925. También los griegos acabaron con la Dictadura de los Coroneles que duró desde 1967 hasta 1974. Con todos estos procesos políticos, todo el sur de Europa se preparaba para ingresar en la Unión Europea. Pero solo en España el cambio político no se hizo de forma traumática, sino por consenso, iniciando un nuevo periodo esperanzador. Fue este modo de proceder lo que despertó la admiración del mundo.

EL SOCIALISMO EN LA TRANSICIÓN A LA DEMOCRACIA

A partir de la muerte del dictador, la historia del cambio se aceleró de golpe. La oposición democrática se hizo más visible en todas partes, y las manifestaciones se sucedían en las calles con la demanda general de «libertad, amnistía y estatuto de autonomía».

La demanda autonómica era paralela a la demanda democrática en toda España. El histórico problema de la articulación territorial del poder en España se vinculaba, de esta manera, al problema político de la construcción de la democracia. Pero en los órganos de coordinación de la oposición democrática sólo se reconocía la personalidad política de Cataluña y el País Vasco. En el desarrollo de la democracia española esto estará permanentemente presente, originando tensiones que culminarán en el intento de golpe de estado de los gobernantes catalanes desde la Generalitat el 1 de octubre de 2017. Y aún persisten hasta nuestros días dichas tensiones, después de ser sofocada la intentona golpista. Tensiones nuevamente alimentadas desde el gobierno de España para mantenerse en el poder, y de lo que hablaremos más adelante.

Los movimientos de los partidos se aceleraron cuando ganó Adolfo Suárez el referéndum para la reforma política de 1976, lo que le permitió desmantelar la dictadura, legalizar los partidos políticos, y convocar las primeras elecciones democráticas de 1977 que tenían como objetivo elaborar la Constitución de 1978.

Sin la voluntad política del Rey Juan Carlos de renunciar al poder que tenía, para propiciar la instauración de un régimen democrático en España, no hubiese sido posible la reforma política del 1976. Pero tras él, Adolfo Suárez fue el artífice principal del desmantelamiento del régimen franquista y hacedor principal en la transición. Tuvo la colaboración de las fuerzas opositoras al régimen, y especialmente la del PCE que era la fuerza política de mayor implantación social en esos años, y a la que tuvo la valentía de legalizar, antes de las primeras elecciones democráticas, y en contra de todas las fuerzas del régimen franquista. Seguramente es la figura política más importante de la España democrática, aunque en sus inicios la oposición lo señalara como incapacitado para el cambio político por su procedencia de las filas del régimen. Cuando fue nombrado presidente por el Rey, entonces se utilizaba por la oposición democrática la despiadada expresión «los mismos perros con distintos collares».

Las primeras elecciones democráticas de 1977 era el primer test que podía clarificar la numerosa constelación de fuerzas políticas que habían aparecido en la clandestinidad o sopa de siglas que se decía entonces. Se iba a ver la fuerza real de cada formación política, y la convocatoria de elecciones empujó los movimientos de acuerdos políticos entre partidos afines para buscar aparecer con presencia en la institución parlamentaria que tenía que elaborar la Constitución.

* * *

El PSOE fue el partido que unificó el socialismo español, entonces muy fragmentado. Las organizaciones socialistas más importantes en las postrimerías del franquismo eran, el PSOE, con mayor reconocimiento internacional, pero de escasa implantación interior; el PSP (Partido Socialista Popular) del profesor Tierno Galván, de muy escasa implantación, pero de gran prestigio en torno a la figura de su líder; y la FPS (Federación de Partidos Socialistas) de mayor implantación interior, que aglutinaba a los partidos socialistas de las distintas regiones, entre los que se encontraba el PSA (posteriormente Partido Andalucista) y el de mayor fuerza en la federación, el PSC (Partido Socialista de Cataluña). En la Federación de Partidos Socialistas se defendía las autonomías como formas de organización del Estado y en Andalucía los andalucistas ya habían elaborado un proyecto de estatuto de autonomía como manifestación del poder andaluz que ya estaba en su ideario y que habían hecho público.

Convocada las primeras elecciones de 1977, el PSOE pactó con el PSC (Partido Socialista de Cataluña) la entrega de su organización en Cataluña, reconociendo al PSC como partido independiente del PSOE y único representante del socialismo en dicha región, aunque ambos articulados; y paralelamente el PSC debía propiciar la quiebra de la FPS a nivel del Estado por la vía del abandono de la misma, reconociendo al PSOE como único representante del socialismo en el resto del Estado. Es decir, el PSOE renunciaba a su presencia en Cataluña a cambio de que el PSC se articulara con el PSOE renunciando a su relación con los otros partidos socialistas de las distintas regiones de España. El PSC constituye una excepción en la estructura del PSOE de España y tiene este origen. No responde a una estructura federal con una única soberanía, sino a una estructura confederal. Quizás esta forma de vinculación del PSOE con el PSC sea el error de origen que años más tardes pusiera de relieve la contribución del PSC al catalanismo excluyente y desestabilizador de la democracia al que me referiré posteriormente.

La idea de un catalanismo no nacionalista en Cataluña protagonizado por el PSC es totalmente falsa, aunque útil electoralmente por la gran población de origen inmigrante que hay allí. En el partido socialista catalán siempre ha predominado su cara nacionalista sobre la social. El primer presidente socialista de la Generalitat, Maragall, fue quien comenzó la exigencia de un federalismo asimétrico y, en 2006, puso en marcha la reforma del Estatut que fue abiertamente inconstitucional. Los nacionalistas catalanes difunden la idea de que la sentencia del Tribunal Constitucional es el detonante del procés. Pero el Tribunal hizo lo que tenía que hacer de acuerdo con su función: aplicar la ley. El origen del procés está en la iniciativa del PSC de reforma del Estatuto de Autonomía de Cataluña, aun sabiendo que lo que proponían era abiertamente inconstitucional. Pero quisieron mostrar un perfil más nacionalista que los seguidores de Pujol. En la redacción de la reforma del Estatuto ya incluyeron el concierto económico como forma de financiación autonómica, que entonces, igual que ahora, es contrario a la Constitución.

El segundo presidente socialista de la Generalitat, José Montilla de origen andaluz (de Iznájar), encabezó la manifestación en Barcelona contra el Tribunal Constitucional por su sentencia sobre el propio Estatut, con el lema «som una nació nosaltres decidim». Y ahora con Salvador Illa, tercer presidente de ideología socialista de la Generalitat, en su investidura, nuevamente, la agenda identitaria nacionalista se comió a la social. Y como ha dicho Josep Borrell «se asume post morten el relato del procés y un cambio de paradigma en el sistema de financiación».

Lo cierto es que el pacto descrito de unidad socialista en la transición motivó la desbandada de cuadros de la FPS de otras regiones que se integraron en el PSOE.

El PSA (partido andaluz) quedó aislado en 1977, y se vio obligado a un acuerdo de coalición electoral con el PSP de Tierno Galván sin resultados para el PSA y escasos escaños para el PSP que, con posterioridad a esas elecciones de 1977, dio lugar a la integración de este último partido también en el PSOE.

En Andalucía, y para continuar existiendo, el nulo resultado electoral del PSA le obligó al cambio de nombre por el de Partido Andalucista con la finalidad de evitar la confusión y comenzar el inicio de una nueva etapa diferenciadora por parte de estos, reconociendo que la marca socialista se había unificado bajo las siglas del PSOE.

Felipe González había conseguido no sólo unificar el socialismo bajo las siglas del PSOE, sino también modernizarlo y presentarlo equiparable a la socialdemocracia europea. Hay que tener en cuenta que sus bases, como la de todas las organizaciones de izquierda, estaban muy radicalizadas, y la adopción del marxismo era algo definitorio de la posición de izquierda, sobre todo entre los jóvenes universitarios. El abandono del marxismo del PSOE dirigido por González, fue una de las claves del éxito posterior de esta organización y, también hay que decirlo, proyectó estabilidad a la incipiente democracia española. El PSOE ganó músculo organizativo y renovación ideológica, en línea con la socialdemocracia europea, que fue quien le tuteló para que pudiera construir una estructura de partido y le financió generosamente para ello.

El PSOE, desde que Felipe González se hizo con la dirección en el Congreso de Suresnes en 1974, era un nuevo partido que no tenía nada que ver con el histórico de Pablo Iglesias a excepción de las siglas. Al igual que los socialistas europeos, ya no anteponían la revolución a la democracia. Recordemos que, durante la República, el PSOE no tenía interés por la democracia, denominada «burguesa», que sólo era un tránsito a la revolución socialista, su proyecto prioritario, y que justificaba como proyecto antifascista. Por ello, como desvela el historiador Álvarez Tardío, resulta un mito identificar a la izquierda con la construcción heroica de la democracia española frente a una derecha reaccionaria en el siglo XX. Se entiende, por tanto, que a pesar de calificarse como centenario, el PSOE empezaba totalmente de nuevo como proyecto democrático de izquierda al comienzo de la transición. Lo cual no deja de ser meritorio.

Entre los jóvenes marxistas la acusación de socialdemócrata a los miembros del PSOE implicaba una calificación peyorativa de los mismos. Era como no tener credenciales suficientemente de izquierdas y se acusaba a la socialdemocracia de ser gestores del capitalismo. Los mejores gestores, se decía porque limaba sus aristas y lo hacía más soportable a los trabajadores. Se alejaba por ello del ideal revolucionario de superación del capitalismo y creación de una nueva sociedad socialista. Aún, no se quería ver el desastre del ideal socialista en países como la Unión Soviética, China, Cuba, Corea del Norte o Vietnam. O si se empezaba a advertir se buscaba otro modelo pretendidamente más cercano al verdadero socialismo. Se hablaba así de socialismo autogestionario y se señalaba a Yugoslavia, país no alineado con la URSS, como más cercano a este modelo.

En gran medida todo era un autoengaño con la esperanza de ver cumplido el deseo de una sociedad más justa e igualitaria ideada en la utopía socialista. Ese ofrecimiento del paraíso, ahora en la tierra, con la construcción de la nueva sociedad por parte de la izquierda, guarda gran similitud con el ideal religioso, que también ofrece el cielo, aunque obviamente con la única diferencia de que estos últimos lo derivan para después de la muerte, lo que requiere esperar y hacer méritos individuales durante la vida. El pensador francés Raymond Aron decía en su época que, si para Karl Marx la religión es el opio del pueblo, para él, el marxismo era el opio de los intelectuales.

En la izquierda, el PSOE fue el primero en abandonar la revolución como proyecto para acabar con el capitalismo, y asumir un nuevo proyecto que armonizaba la justicia social con los principios del liberalismo. Se alineaba con la socialdemocracia europea que, siguiendo al teórico de origen marxista Eduard Berstein, calificado de revisionista por los marxistas ortodoxos, lo había hecho desde 1959 con el programa de Bad Godesberg.

Ya no tenía sentido la democracia real como contraposición a la democracia formal contemplada por el mundo marxista. La complejidad de las democracias modernas radica en propiciar su desarrollo combinando mayor libertad con mayor igualdad. Y hoy se concreta en conjugar la justicia social con el realismo económico y con el control migratorio.

REPERCUSIONES DE LA UNIDAD SOCIALISTA EN EL SISTEMA DE PARTIDOS DE ANDALUCÍA

En Andalucía, por aquellos años, se abría paso la idea de un poder autónomo que contribuyera a la transformación de la realidad andaluza que presentaba enormes desigualdades en relación al norte de España. «Por un poder andaluz» era el lema político con el que se bañaba la propaganda política. En esa estrategia estaban los andalucistas, entonces socialistas andaluces del PSA.

Se definían las condiciones de atraso de Andalucía como los propios de una economía subdesarrollada, y se entendía el subdesarrollo como la otra cara de la moneda del desarrollo capitalista. Si el capitalismo nos subdesarrolló, la consecuencia lógica era que la salida del subdesarrollo en Andalucía pasaba por la quiebra del capitalismo en España y un proceso de transformación socialista. Tal planteamiento de carácter marxista se apoyaba en la evolución de la economía andaluza que en el año 1800, fecha de los inicios del capitalismo español, representaba el 24,7% de la economía nacional, y que posteriormente fue descendiendo continuadamente. Así por ejemplo en 1980, fecha de inicio de la preautonomía andaluza, representaba el 13% de la misma. El impresionante declive es espectacular.

Este planteamiento de los andalucistas de entonces (bajo las siglas PSA) que aspiraba a una economía socialista planificada, cambiaría durante el desarrollo democrático, después de la aprobación de la Constitución, una vez configurado el sistema de partidos de la nueva democracia española.

Puesto que la marca socialista había sido asociada al PSOE, y una vez desaparecida la FPS tras el acuerdo de los socialistas catalanes con los seguidores de Felipe González, los socialistas andaluces del PSA llevaron a cabo su proceso de diferenciación política, abandonaron la sigla socialista de su nombre y adoptaron la definición de Andalucista. Aunque se mantuvieron en el espacio de centro-izquierda, no tenía sentido mantener el pulso por las siglas socialistas.

El PSA como tal o se integraba en el PSOE o desaparecería. La consideración de una nueva vía, la andalucista, exigía cambios en su denominación y en su formulación política. Y ello fue lo que sucedió tras las primeras elecciones democráticas y la aprobación de la Constitución.

Con tales cambios pudo salir a flote de manera coyuntural tras la aprobación de la Constitución. Pero tales cambios fueron insuficiente para proyectar una opción política como alternativa de futuro. La fuerza del Andalucismo estaba principalmente en el agravio comparativo, no en un proyecto para España.

LA RECUPERACIÓN DE LOS SÍMBOLOS HISTÓRICOS DE ANDALUCÍA

En los últimos años del franquismo, los andalucistas recuperaron la figura de Blas Infante, y los símbolos de Andalucía. Blas Infante fue el fundador de las Juntas Liberalistas de Andalucía en 1931, principal fuerza impulsora del proceso autonómico durante la Segunda República Española.

A la llegada de la democracia, las Juntas Liberalistas se integraron en el Partido Andalucista en 1978, cuando estos eran extraparlamentarios después de su derrota en las primeras elecciones. Estuvieron presentes en el acto de integración los supervivientes de aquella época, Álvarez Osorio y Emilio Lemos.

Tanto la bandera de Andalucía como el escudo habían sido aprobados en la Asamblea de Ronda de 1918 en la que tuvo presencia activa Blas Infante. El himno en cambio fue más tardío, del 1933, año en que se publicó por las Juntas Liberalistas de Andalucía adoptándolo como Himno de Andalucía.

En el escudo reza el lema «Andalucía por si, por España y la Humanidad». Y en el Himno de Andalucía, cuya letra fue redactada por Blas Infante, termina el estribillo con la expresión «sea por Andalucía libre, España y la Humanidad».

En estos lemas se haya la razón última de un verdadero proyecto político para Andalucía, al entender el mismo de manera universalista, lejos de cualquier planteamiento egoísta, xenófobo, excluyente y aislacionista. En consecuencia, cualquier proyecto político de Andalucía debiera ser parte de un proyecto político de España y de la Unión Europea en el contexto de la humanidad como sistema.

Con gran dificultad en las postrimerías del franquismo, los símbolos de Andalucía eran aceptados por las diversas fuerzas políticas, siendo atribuidos generalmente en aquella época al Partido Andalucista, entonces PSA. Hoy son aceptados por todas las fuerzas políticas, y así fueron recogidos en el Estatuto de Autonomía del año 1981, y en la Reforma del Estatuto de Andalucía de 2007.

Entre el Estatuto y su Reforma, el 25 de febrero de 1992, como diputado entonces en el Parlamento de España, tuve el privilegio de defender una proposición no de ley del Partido Andalucista, que había sido presentada por Alejandro Rojas-Marcos antes de que yo le sustituyera en el Congreso de los Diputados. En ella se instaba al gobierno de España a realizar todas las gestiones conducentes a conseguir la plena rehabilitación formal de la memoria de Blas Infante, padre de la patria andaluza, incluyendo todas las posibilidades jurídicas que permitiera el ordenamiento legal contra la sentencia condenatoria del mismo, dictada por el Tribunal de Responsabilidades Políticas de Franco, el 4 de mayo de 1940. La proposición resultó aprobada casi por unanimidad ya que sólo tuvo 3 votos en contra.

Esa aberrante sentencia del 1940, se produjo contra Blas Infante después de ser este asesinado cuatro años antes, el 11 de agosto de 1936. Y se produjo dicha sentencia condenatoria a pesar de la irretroactividad de la ley penal y a pesar de que la responsabilidad, personal e intransferible, se extingue con la muerte del individuo.

El profesor Juan Antonio Lacomba señala que la biografía de Blas Infante viene a ser en buena parte la historia del esfuerzo para la recuperación material y moral de Andalucía. Y señala también que Blas Infante estaba preparado para la muerte puesto que decía que «si en la lucha que hemos emprendido nos sorprende la muerte, tendremos la intima satisfacción de haber cumplido con nuestro deber».

Lo importante es subrayar que la asunción de la historia autonómica de Andalucía, y con ella la figura de Blas Infante, ya no era un problema, y era asumida en Andalucía y en el resto de España. Hasta el punto de que, en 2010, en el Parlamento de Andalucía, ya sin representación parlamentaria del Partido Andalucista, se acordó, por unanimidad de todos los grupos parlamentarios, el nombramiento de Blas Infante como Presidente de Honor de la Junta de Andalucía.

Es, por tanto, honestamente, una contribución que hay que atribuir al Partido Andalucista en cuanto a la recuperación de los símbolos de Andalucía, pese a los errores en los que incurrió en otras materias de su vida política. Entre ellos la ausencia de un planteamiento federal, sin articulación política con el resto de España, contrario pues a lo que se refleja en el lema del escudo y en el estribillo del himno de Andalucía.

En el seno del Partido Andalucista había gente que rehusaba utilizar la palabra España en el himno de Andalucía, y por ello en los actos públicos, a la hora de entonar el himno, cambiaban al final su letra del estribillo por «sea por Andalucía libre, los pueblos y la Humanidad». Ello revelaba una tendencia política en un sector muy minoritario que no presagiaba nada bueno. También algún que otro independentista existía en el seno de la organización. Los partidos políticos queriendo o sin querer se nutren también de radicales que pueden llegar a tener apoyos y alcanzar puestos electorales si mantienen una trayectoria de fidelidad a algún jefe. Y por esta razón conviene que el sistema electoral empodere a los ciudadanos para que los cargos públicos dependan más de ellos que de los partidos políticos.

EN EL INICIO DE LA DEMOCRACIA

Con la llegada de la democracia a España podíamos vernos ya como un país homologable a los países de nuestro entorno. Dejábamos de creer en la excepción española en la historia europea. España como problema dejaba de existir y el ser de España se plasmaba en una constitución democrática que asumía su diversidad. Pero dejó abierto dos problemas: No reguló los contrapoderes o contrapesos del poder político, ni cerró la organización territorial del Estado. Los primeros se desarrollaron mediante la ocupación partidistas de los mismos. Paralelamente la organización territorial se fue conformando satisfaciendo las exigencias de los nacionalistas del norte en los que se apoyaban para formar gobierno.

* * *

¿Se acertó en el tratamiento a sus diversos territorios?

La Constitución en 1978 fue aprobada dando un trato privilegiado al País Vasco, Navarra y Cataluña. Tuvieron facilidad de acceso a sus autonomías, que se diseñaron con sustancia política al prever la existencia de parlamentos autonómicos. Además, las dos primeras tenían financiación privilegiada con el reconocimiento constitucional de los conciertos forales.

Cataluña entraría en el régimen fiscal general, pero con la virtualidad de que el desarrollo normativo de este régimen sería siempre condicionado y adaptado a sus propuestas. Así ocurrió con la LOFCA (Ley Orgánica de Financiación de las Comunidades Autónomas), y en los pactos catalanes con los distintos gobiernos que tendría España en su discurrir democrático. Hasta la crisis independentista catalana, treinta años después, cuando exigieron el sistema de concierto económico, similar al vasco, amenazando con la independencia si no se le concedía.

* * *

El artículo 138.2 de la Constitución prohíbe que las diferencias entre los Estatutos de Autonomías impliquen privilegios económicos y sociales, lo que parece que se ha venido ignorando deliberadamente. Y cuando se aprobó la Constitución en 1978, no existía el IVA, pues no fue implantado hasta 1986. En consecuencia, su Disposición Adicional 1ª, que es donde se recogen los derechos histórico forales, ha sido interpretada demasiada extensiva, por conveniencia de los nacionalistas, incorporando al convenio o concierto tributos que no existían entonces. Además, el cupo no responde a una fórmula matemática que se aplique automáticamente para determinar la parte alícuota de los gastos del Estado que les corresponde a los vascos. El cupo no se calcula, sino que se negocia, y es evidente que el voto de los nacionalistas en el Parlamento de España es determinante en su aprobación. El cupo por ello responde a criterios políticos y no técnicos, y desde hace tiempo los expertos vienen denunciando la sobrefinanciación foral debido a que se negocia a la baja.

El inspector de Hacienda Francisco de la Torre ha explicado muy bien como, independientemente del mayor fraude que ocasiona la fragmentación de la Agencia Tributaria, el concierto tiene costes tributarios por falta de recaudación por IVA en los territorios forales que finalmente es compensado por el Estado. La capacidad recaudatoria de estos territorios siempre es menor que lo esperado por su consumo. Estos déficits son compensados mediante ajustes por la Administración del Estado, y comportan sobrefinanciación para el País Vasco y Navarra, que en el último año se elevó al 15,71% y 39%, respectivamente, del IVA recaudado en esos territorios. Esta sobrefinanciación es independiente de la que se efectúa por el déficit de las pensiones.

Está demostrado que el concierto vasco y navarro permiten a estas comunidades ricas ser financiadas por el resto de españoles en materia como las pensiones o la deuda, además de no contribuir a la solidaridad interterritorial. Si se aprueba el concierto catalán serian tres las comunidades que parasitarían el resto de España. El que el Estado haya podido funcionar con este régimen insolidario ha sido posible porque afecta al 7,5% del PIB, pero si se extiende a Cataluña seria imposible porque haría inviable el propio Estado.

Parece increíble, pero ha sido el propio Otegui quien ha mostrado su preocupación con el reciente pacto del PSOE y ERC, sobre el establecimiento de sistema del cupo para Cataluña, porque cree que entonces el Estado no tendría dinero para financiar el cupo vasco. En estos momentos los vascos ya tienen el doble de financiación per cápita que el resto de españoles gracias al cupo. Es obvio que esta preocupación no responde a ningún interés por España.

El concierto económico de los vascos fue un error que sólo se puede entender en el contexto de violencia etarra en el País vasco durante la transición. Sería por ello un accidente histórico. No hay Estado Federal en el mundo en el que el gobierno central renuncie a ejercer su poder tributario en parte de su territorio a cambio de un cupo anual. Parece algo gremial más propio de la Edad Media.

En cualquier caso, la experiencia del cupo vasco ha demostrado suficientemente la insolidaridad de este sistema de financiación cuya consecuencia más visible es el sentimiento de agravio comparativo que ha generado por su sobrefinanciación y su nula contribución a la redestribución interterritorial. Además, no se puede ignorar los riesgos que genera en términos de competencia fiscal, que en el Impuesto de Sociedades ha acabado en los tribunales internacionales en diversas situaciones. Al mismo tiempo, la fragmentación de la Agencia Tributaria, ha permito la extensión del fraude tributario, lo que ha dado lugar a que la Asociación de Inspectores de Hacienda califique a los regímenes forales como agujeros negros en la lucha contra el fraude.

* * *

De forma provisional en 1977, antes de aprobarse la Constitución, en Cataluña se restableció la Generalitat. Era el órgano de gobierno catalán que iniciaron durante la II República, y por ello tuvo acceso inmediato a su autonomía. El resto de España, por tanto, Andalucía también, tendrían autonomías diferentes y tuvieron que esperar a que se regulara en la Constitución de 1978. En realidad, habían diseñado unas autonomías de segunda, sin sustancia política, puesto que se proyectaban sin Parlamentos para las mismas. La vía constitucional para esto era la del artículo 143. El acceso a una autonomía de características similar a la catalana, requería superar una cadena de obstáculos que en la práctica parecía imposible. Y esta cadena de obstáculo es lo que regulaba el artículo 151 de la Constitución, confeccionado y establecido para que el resto de España no pudiera alcanzar los niveles de vascos o catalanes. La Constitución vino a dar forma a la excepcionalidad de vascos y catalanes que en la oposición democrática al régimen franquista reunida en lo que entonces se llamaba Platajunta (por unificación de las Juntas Democráticas de España y Convergencia Democrática Española) ya se había reconocido.

A pesar de esta discriminación constitucional, los andalucistas pidieron el voto favorable a la aprobación de la Constitución. Su lema de campaña era: «A pesar de todo sí». Había que comportarse responsablemente y parecía importante poder continuar la lucha por Andalucía en las nuevas condiciones de libertad. Globalmente la Constitución española era buena, y suponía consolidar la libertad y dejar atrás la dictadura. Era lo urgente entonces. El paso democrático era un avance de gigantes, por lo que había que contribuir a darlo a pesar del trato desfavorable para Andalucía. Además, la transición respondió a unas circunstancias, y se hizo como se pudo hacer. Ahora bien, era el inicio de un proceso democrático. Y podemos tener una buena Constitución pero no las instituciones que tienen que proteger sus valores, como veremos más adelante.

Posteriormente, después de aprobarse la Constitución, Andalucía encaró el artículo 151 de la misma, quebró esa discriminación constitucional, se equiparó a Cataluña y el País Vasco, y las fuerzas hegemónicas PSOE y UCD tuvieron que recomponer el proyecto autonómico haciendo que las que iban por la vía del artículo 143 de la Constitución llegaran, al menos formalmente, al mismo puerto o nivel que las otras. Lo justificaron diciendo que era sólo una vía más lenta. Es lo que vendría en llamarse más tarde el café para todos. En la práctica era la desaparición proyectada de la vía autonómica del artículo 143. La financiación de las autonomías sería harina de otro costal debido al reconocimiento constitucional de los conciertos forales, y a la dinámica de pactos de los distintos gobiernos de España con los nacionalistas catalanes. El dinero terminó siendo el banderín de enganche social del soberanismo para poner precio a sus apoyos parlamentarios. Y así hasta nuestros días.

LA TRANSFORMACIÓN ANDALUCISTA

Fue la discriminación constitucional, ya prefigurada también en el programa de la oposición al régimen franquista de la Platajunta, junto a la persistencia de unas condiciones de atraso de Andalucía, lo que motivó que los socialistas del PSA decidieran su continuidad política tras el fracaso electoral de las elecciones de 1977. Para ello cambiaron su presentación identitaria, andalucistas en vez de socialistas, y también su estrategia política.

Para empezar, tuvieron que plantearse ampliar las bases militantes a personas moderadas, ubicándose en el centro izquierda. De ahí su cambio de denominación como tarjeta de presentación. En segundo lugar, conceptualmente abandonaron el anticapitalismo del que se hacía gala desde sus orígenes y ya no se planteaban la transformación socialista de la economía para salir del subdesarrollo. Ahora, sin rechazar el capitalismo, su objetivo era superar la dependencia económica de Andalucía buscando corregir su inserción en España hacia un modelo económico interdependiente. No era la independencia económica sino la interdependencia lo que había que buscar. Y ello exigía una autonomía, con capacidad y sustancia política suficiente, como herramienta para remover las condiciones materiales de vida de los andaluces y superar los obstáculos del subdesarrollo.

Al mismo tiempo que el Partido Andalucista, entonces PSA, abandonaba el izquierdismo anticapitalista, se convertía en un movimiento político compensatorio de los nacionalismos del norte de España. De este modo se daría la posibilidad de corregir privilegios, reforzar mecanismos de solidaridad en España y propiciar mayor igualdad entre los españoles mediante la convergencia económica del sur con el norte.

La ausencia en el Parlamento de España de diputados del Partido Andalucista en la primera legislatura, la constituyente, en contraposición a la fuerte y predominante presencia de los partidos nacionalistas vascos y catalanes que hacían perceptible los privilegios que conseguían, hizo posible el agravio comparativo como eje del discurso andalucista, abriendo una ventana de oportunidad para entrar en el Parlamento en la siguiente legislatura.

De algún modo era una forma de nacionalismo, pero no buscaba fronteras, o la constitución de un Estado propio, sino una estructura de poder en España donde los nacionalismos del norte tuvieran contrapeso desde el sur en su influencia o poder. Hay que tener en cuenta que Andalucía tiene 61 escaños en el Congreso de los Diputados, lo que a ojos de los andalucistas hacia factible la posibilidad de una minoría influyente en el Parlamento de España.

Lógicamente en Andalucía el proyecto político autóctono se planteaba más como un problema de existencia y no de esencia como hacían vascos y catalanes. Ellos en su horizonte vital planeaban una vida independiente de los demás y utilizaban la lengua y la cultura como instrumentos de poder. En Andalucía lo que se planeaba era fortalecer la relación con el resto de España desde posiciones más justas y solidarias. Mientras que para los nacionalistas vascos y catalanes no existe más religión que la etnolátrica, es decir el culto a la etnia y la nación, para los nacionalistas andaluces no existía más preocupación que la salida de su situación de atraso económico.

Pero el problema es, como dice el historiador Tomás Pérez Viejo, que la nación es una ficción, es un relato. Las naciones no existen aunque creamos en ella. La legitimación del poder político solo es posible en el mundo contemporáneo a partir de la nación. Sin nación no hay Estado posible. Los que se segregan tienen que construir la nación para declarar su soberanía en su territorio. Lo peor de todo proyecto nacionalista es que concibe la comunidad política como un proyecto de pasado y no un proyecto de futuro. En algunos casos, como el de los independentistas en Cataluña, se concibe como una nación doliente, es decir una nación víctima del pasado.

* * *

Dado que los partidos políticos de ámbito estatal están sujetos a la correlación de fuerza que se genera a nivel del Estado, como se ha visto en estos cuarenta y cinco años de democracia, los nacionalismos del norte son los que han sostenido los distintos gobiernos de España. Es más, de las dos formaciones políticas de ámbito estatal que se han turnado en el poder, una de ellas, el PSOE, desde las primeras elecciones democráticas, había aceptado la existencia de un socialismo independiente en Cataluña, el PSC, aunque vinculado con él, tal como expliqué antes en el proceso de unificación socialista de la transición. Y fue Maragall, líder socialista catalán, el que empezó a denunciar lo que él llamaba el café para todos, y volvía a replantear la desigualdad originariamente pensada durante la elaboración de la Constitución y luego parcialmente corregida, demandando abiertamente un federalismo asimétrico.

Al no cerrarse el sistema autonómico en la Constitución y fallar la previsión inicial constitucional de autonomías especiales solo para Cataluña y País Vasco, hizo que vascos y catalanes libraran continuas batallas para reorientarlo en dirección asimétrica y confederal. El Estado confederal vendría a consagrar la supremacía vasca y catalana y con ello la desigualdad entre los ciudadanos de nuestro país.

Hoy, a ese terreno nos arrastra Pedro Sánchez cuya ambición le aparta de una gobernanza constitucional racional en la que el Estado de las Autonomías alcance un equilibrio descentralizador con el poder central. Y como veremos, en palabras del exministro socialista Virgilio Zapatero, para Pedro Sánchez tratándose de alcanzar o mantener el poder, no hay cosas fuera del comercio. Dado que el Gobierno tiene ingentes recursos institucionales (nombramientos), financieros (presupuesto) y regulatorios para lograr la mayoría que precise, todo es factible. No es cuestión de inteligencia o habilidad. Basta con carecer de límites. Y es en esto donde se acomoda la teoría del poder de Pedro Sánchez consistente en creer que todo vale para alcanzarlo y no soltarlo.

LA POLÍTICA LINGÜÍSTICA EN CATALUÑA

Uno de los problemas que más afectaba a los andalucistas era la subestimación de la cultura andaluza. Se decía que el habla andaluza era una degeneración del castellano. Y Jordi Pujol llegó a publicar un libro planteando la emigración como problema, donde se describe al andaluz, como «un hombre a medio hacer», ignorante, sin personalidad, destruido; abundando en términos ofensivos hacia los andaluces. Por entonces se inició lo que los catalanes llamaron la normalización lingüística. Y rápidamente se puso en evidencia la discriminación que la población emigrante en Cataluña, a la que ellos llaman charnegos, empezaba a sufrir.

Y no se trataba de reclamar el habla andaluza como modalidad lingüística. ¡Ojo con utilizar las lenguas o los modismos lingüísticos para potenciar identidades que nos aíslan cada vez más!. Las religiones lingüísticas-identitarias suelen ser instrumentalizadas afectando a numerosos derechos de los ciudadanos.

Los catalanes utilizan la lengua catalana como filtro de acceso a posiciones laborales, y como filtro de apoyo a las empresas. Importa poco la utilidad comunicativa de la lengua y la asumen aun cuando en este caso sea un vehículo de ineficiencia además de desigualdad ciudadana. Aunar eficiencia e igualdad requiere la promoción de una lengua única. Y nosotros ya la tenemos: el español, con un gran potencial comunicativo, tanto por su extensión como por su centralidad. Para no admitir esto, el populismo en general y el nacionalismo en particular, quieren combatir el desigual valor de las lenguas con la falacia de la diversidad. A sabiendas, ocultan que las lenguas evolucionan como quieren las personas en función de su utilidad comunicativa. Y la prioridad son los individuos y su autonomía. Lo cual no está reñido con ayudas y protección de alguna lengua minoritaria por razones culturales. Pero la imposición comunicativa por razones políticas está llamada al fracaso a largo plazo.

* * *

El inicio de esa política lingüística propició que nos presentáramos a las primeras elecciones en Cataluña donde el Partido Andalucista obtuvo dos diputados. Uno de ellos de Nerja, como yo. Era José Acosta Sánchez, profesor en Barcelona en el mismo departamento universitario que dirigía Jiménez de Parga, quien más tarde fue ministro de Trabajo en el gobierno de Adolfo Suárez, y donde estaba también Jordi Solé Tura. Éramos amigos y nos veíamos en las vacaciones, sobre todo en las de verano, desde que, como lector de la desaparecida revista Triunfo, en la que él solía escribir, hablábamos de política. Por esta relación pude acercarlo e introducirlo en el Partido Andalucista. Entonces, ambos éramos partidarios de un proyecto socialista federal. A este respecto, en la oposición al franquismo, cuando decidimos comprometernos políticamente, descartamos al PSOE porque, utilizando palabras suyas, «nadie da lo que no tiene»; nos parecía que el PSOE no tenía una verdadera estructura federal. Ha terminado siendo confederal con el PSC y centralista con el resto de España.

* * *

A coordinar la primera campaña autonómica en Cataluña fuimos dos miembros de la dirección del entonces Partido Andalucista. Y sufrimos toda clase de agresiones en el desarrollo de la misma. Creo que es la campaña más violenta que yo he sufrido en mi vida. La violencia era contra nosotros, naturalmente. Pero ellos, los independentistas, entendían como agresión nuestra sola presencia en Cataluña. Por supuesto que toda inmigración tiene un impacto en las tierras de acogidas con derivadas identitarias, pero estábamos construyendo un Estado de Derecho donde la ciudadanía y no la identidad lo determina. No obstante, y a pesar de estas agresiones se nos adhirieron muchas personas de distintas partes de España. Sobre todos aragoneses, murcianos y gallegos. Y, lo más gratificante fue que algunos catalanes de origen también se nos adhirieron. Y hay que destacar también que entre nuestros agresores habían andaluces.

Recuerdo una anécdota en el primer mitin que dimos en un cine de Cornellá. Entre los que vinieron a reventar el mitin, reconocí a un joven abogado, militante del PSUC, hijo de un conocido abogado de mi pueblo, falangista de toda la vida, a quien hablé y recriminé su presencia agresora en nuestro acto. Cuando conté esto allí, me dijeron que había muchos inmigrantes radicalizados, fenómeno parecido al que se daba entre los abertzales vascos. Como si no fuera bastante con trabajar allí y contribuir al desarrollo de esa tierra, sino que había que renunciar a tu cultura y tu personalidad para integrarte en otra cultura sin respetar la tuya y agrediéndola para así ganar la aceptación que de otro modo no tendrían. Es decir, más catalanes que los propios catalanes. En esa línea iba también el cambio en los nombres que algunos hacían para mejor identificarse como catalanes. No hay más que recordar como ejemplo al malagueño Eduardo Martin Toval, parlamentario por Barcelona, que fue portavoz del PSOE en el Congreso de los Diputados, y que paso a llamarse Martin i Toval.

Al nacionalismo sólo le queda como herramienta identitaria el lenguaje, y por eso concede tanta importancia a la política lingüística, ya que la identidad cultural resulta difícil mantener en un mundo globalizado donde crecientemente se produce la integración financiera y comercial, con gran movilidad de los negocios y las personas.

El nacionalismo quiere imponer el catalán al mismo tiempo que hacer desaparecer el uso del español que hasta ahora ha sido la lengua más utilizada en Cataluña y por ello la mejor forma de comunicación efectiva en las actividades e interacciones de la población catalana. Se sirve pues de la lengua como palanca para la construcción nacional conculcando los derechos lingüísticos de gran parte de la sociedad catalana e ignorando que lo realmente importante en la lengua es su función comunicativa, que es lo que nos desarrolla como ciudadanos. Por ello, como alguien ha dicho, nada más reaccionario en España que fomentar el babel de lenguas.

En consecuencia, no acierto a ver el progresismo del Partido Socialista catalán que, junto a los nacionalistas, aprobaron la ley de inmersión lingüística en Cataluña. La lengua como bandera ideológica es pues compartida por los nacionalistas catalanes y el PSC, cuya política de inmersión en la lengua catalana constituye también una política de persecución del español. Esta persecución hubiese sido imposible sin la colaboración del PSC cuando estaba en la oposición y gobernaban los independentistas. Ahora que está en el gobierno de la Generalitat es quien la impulsa. Como una carrera de relevos en la que se turnan pasándose el testigo. Es evidente que, para los nacionalistas, la lengua no es un medio de comunicación sostenido por la voluntad expresiva de sus hablantes, sino la esencia misma del alma nacional catalana.

A nivel de todo el Estado, el PSOE, en su capacidad de adaptación a todo cuanto le resulta útil para su permanencia en el poder, lo asume sin reparos. Así, en 2023, para que Francina Armengol pudiera salir elegida presidenta del Congreso de los Diputados, tuvo que permitir el uso del catalán, el euskera y el gallego en el Congreso de los Diputados. Forzada por los independentistas se asumió el sinsentido de usar traductor en una institución donde todos se entienden en español sin necesidad de pinganillos. No importa que se pierda eficacia en los debates de la cámara, ni tampoco incurrir en un derroche de dinero público al no ser un gasto necesario. Lo importante es satisfacer a los nacionalistas porque en esa dinámica de alianzas se entró en esas fechas. Es cómico que el pinganillo resulte necesario cuando los nacionalistas están en la tribuna del Parlamento, mientras en los pasillos no lo utilizan porque se entienden más rápido y mejor en la lengua española.

La política lingüística fue una de las piezas en la estrategia nacionalista catalana que condujo veinticinco años después a intentar la independencia. Otras piezas fueron la progresiva ausencia del Estado en Cataluña (exclusión del español, expulsión de fuerzas de seguridad y otras instituciones del Estado, etc.), y el creciente aumento del miedo a represalias o marginación de una población sometida a un proyecto de identidad excluyente contraria a la idea de ciudadanía abierta. Todas las políticas de identidad son políticas de construcción nacional. En su época el franquismo quiso imponer la identidad nacional española, y en la democracia los nacionalistas quieren imponer una identidad local. En ambos casos se manifiesta la ausencia de un alto sentido de ciudadanía. Se violenta el derecho individual que cada cual tiene a forjarse una identidad y se le impone el deber de adaptarse a la que las autoridades definan territorialmente correcta. La acción coactiva del poder público en el ámbito personal se realiza ignorando el principio de protección individual. Para justificarse, los que imponen la identidad a los ciudadanos de un territorio, terminan utilizando la cohesión social como pretexto o un argumento funcional o utilitario.

El artículo 3 de la Constitución española dice que «el castellano es la lengua española oficial del Estado. Todos los españoles tienen el deber de conocerla y el derecho de usarla». Este artículo está en trance de cancelación en Cataluña, aunque no la lengua, y quizás pronto en el País Vasco. En esos territorios gran parte de su población se sienten y están abandonadas.

El nacionalismo supone la ruptura de la comunidad compartida. En él, los nexos étnicos-culturales separan a los individuos, al contrario de lo que ocurre en todo orden constitucional liberal que une en lo común y abre espacios de libertad responsable. Y lo que la experiencia española nos enseña es que quienes defienden sus derechos en oposición al nacionalismo en esos territorios sufren intimidación y están expuestos a toda forma de violencia: agresión, marginación, intimidación, señalamiento o exclusión. Por esa razón se impuso la espiral del silencio en la primera etapa catalanista. Ahora se exige la integración en el procés. Es la experiencia de todos los que, por una u otra razón se han visto en la necesidad de emigrar de su tierra a Cataluña, muchos de ellos andaluces.

Ahora el gobierno de España está negociando el reconocimiento del catalán como lengua de uso de la Unión Europea. Esta es, también, una imposición de los pactos del PSOE con los nacionalistas catalanes. Sólo que en la

Unión Europea esta fragmentación lingüística no se ve con buenos ojos. Ni siquiera, aunque obligue al gobierno de España a pagar en traductores todos los gastos necesarios que ello implica. Sería un gasto más financiado por los españoles.

Fueron los emigrantes andaluces en Cataluña, los que se afiliaban al Partido Andalucista y demandaban su presencia allí en las elecciones autonómicas. En su estructura orgánica eran denominados la novena provincia. Pero en Cataluña no podía sobrevivir un partido dirigido desde Andalucía e identificado como andaluz. Esto era un craso error. No se trataba de contraponer dos identidades, sino de posibilitar la integración bajo la premisa de una ciudadanía abierta española. Distinto habría sido si se hubiese configurado un partido catalán, que con el Partido Andalucista hubiese sido el embrión de una formación política democrática y federal en España. En Cataluña hubiese encontrado un cauce de participación política toda esa población que se siente acosada por el nacionalismo independentista que entonces inició su proyecto de exclusión de todo lo español. Años más tarde, en 2006, Ciudadanos nace en Cataluña como fuerza política que quiere dar una repuesta nueva a esta situación. Llegó a ser la fuerza más votada en Cataluña con Inés Arrimada a la cabeza de dicha formación. Aunque cuando este partido escaló a nivel nacional sus errores causarían su desaparición. Pero el problema sigue vivo.

LA INMIGRACIÓN COMO PROBLEMA. UN TSUNAMI MIGRATORIO

¿Qué importancia tiene en que rincón del mundo vives? se pregunta el escritor sueco, de origen griego, Theodor Kallifatides. Y decía: «Me importa un bledo la dulzura de la vida. Lo que quiero es dignidad. Sin ella hasta la miel es amarga».

Y es que como emigrante que fue, y amigo de emigrantes, reflexiona sobre este problema advirtiéndonos de que la gente no se sienta a esperar a la muerte, aunque la emigración ya constituye una especie de suicidio parcial. No mueres, pero muchas cosas mueren dentro de ti, nos dice. «Personas que han soportado todo, y que cualquier cosa puede ocurrir en el momento más inesperado, saben que no pueden dominar la vida, pero si pueden dominar su miedo. Y al final cuando llegan a destino, no es lo que esperaban. No solo han perdido la Tierra Prometida, también han perdido la tierra de la que partieron». Profunda y conmovedora reflexión, nos muestra Kallifatides en *Otra vida por vivir,* sobre este inevitable modo de enfrentarse a la vida que tienen las personas que se ven obligadas a emigrar.

* * *

Andalucía fue tierra de emigrantes en el pasado y hoy es frontera de paso y lugar de asentamiento de la inmigración. Los andaluces sufrieron los problemas asociados a la emigración en diversas épocas, pero de manera intensa en los años sesenta cuando acudieron a satisfacer las necesidades de mano de obra de Cataluña y de Centroeuropa. Hoy también, emigran jóvenes formados que no encuentran trabajo acorde con su profesión o que son muy mal retribuidos. En general en España, mientras importamos migrantes sin cualificación, expulsamos a la juventud más preparada en la que España ha invertido importantes recursos en su formación.

Como conocedores experimentados de esta problemática, los españoles, y particularmente los andaluces, tenemos la obligación moral de mirar el fenómeno migratorio actual con comprensión y en su justa medida. Máxime en estos tiempos que está siendo un instrumento de confrontación política y un tema central de campañas electorales en todas las sociedades avanzadas. La cuestión migratoria, pues, se ha convertido en un tema central de la política europea y de las relaciones internacionales.

Uno de los argumentos utilizados por los partidarios del Brexit fue la necesidad de control de los flujos migratorios, que tantos réditos les dio. Y también ha formado parte de la campaña electoral de Donald Trump que le ha llevado a la presidencia. Sin duda la cuestión migratoria debería ser un asunto de Estado.

En España como en los demás países de Europa está siendo un instrumento muy importante en la alteración de su sistema de partidos. Consciente de ello, recientemente, VOX ha roto los apoyos al PP en las autonomías donde gobiernan en coalición, y algunos han creído que es debido a su oposición al reparto de los niños inmigrantes menores no acompañados (MENAS) en Canarias, entre las distintas autonomías. Pero en realidad va más allá de este pretexto, y lo que pretenden es utilizar el rechazo a la inmigración como banderín de enganche electoral y como elemento diferenciador del PP, esperando obtener réditos electorales que les aúpe como a sus homólogos de países como Francia, Italia, Alemania y otros más de la Unión Europea. Vox quiso presentarse como único partido capaz de frenar la inmigración quizás en un intento desesperado de establecer un eje en la política que le diera notoriedad suficiente. Ya se verá a que precio. Con la problemática inmigratoria de Canarias el Gobierno de España opera como un Estado fallido, y esto es lo que impulsa a VOX.

Los problemas de inmigración no son problemas de seguridad. Ni tampoco de vulnerabilidad de las fronteras estatales, aunque cause esa impresión la inmigración irregular. Pero los populismos se alimentan de asociarlos, porque es una herramienta emocional que les permite pescar en río revuelto. El problema no es la inmigración como tal sino el modelo de convivencia que se genera en función de cómo se canalice.

Hoy, como la mayoría de los expertos nos muestra, mucha gente sabe que el debate sobre inmigración está estrechamente ligado al demográfico y además es un problema de democracia que pone a prueba su salud moral. En Europa, el incremento de la población inducido por la inmigración es uno de los más rápidos en la historia de la humanidad. Por esta razón hay que gestionarlo bien, por ser un extraordinario desafío de nuestro tiempo, un Tsunami.

Ignorar lo que la población piensa de la inmigración está siendo aprovechado por el populismo radical de derechas, infundiendo temor, al mismo tiempo que el populismo radical de izquierda demanda papeles para todos, alimentando más el miedo. Para salir de este bucle, los argumentos humanitarios, que deben presidir la forma de abordar este problema, deben ir acompañados también de un mayor control, y su gestión debe ir también más allá del color político del gobierno de turno.

Un caso particular lo representa Cataluña, donde en 2023 los hijos de madre extranjera representaban ya el 34,6% del total de nacimientos en Cataluña. A este ritmo de inmigración y nacimientos de hijos de inmigrantes, Cataluña, en pocos años más, estará habitada, en una proporción importante, por ciudadanos que, ellos o sus ascendientes, no serán originarios de Cataluña. Se comprende por ello que los nacionalistas catalanes quieran imponer la política de inmersión lingüística como eje de su acción, porque de no ser así el catalán a largo plazo está sentenciado a muerte y con él su proyecto independentista. De hecho, los nacionalistas catalanes, ahora, han pactado con el PSOE competencias en inmigración para sostener el gobierno de Pedro Sánchez. Los dirigentes de JUNTS lo han justificado diciendo que tener las competencias en inmigración es esencial para construir la nación. Por eso en la ponencia ideológica de su último congreso manifiestan que está en juego la supervivencia de la catalanidad y quieren «ligar los derechos inclusivos de la población inmigrante en Cataluña al catalán, una lengua de obligado conocimiento, que deberán aprender en un periodo de tiempo razonable».

Este reaccionario acuerdo responde a la ideología nativista, que para frenar la llegada de inmigrantes por considerarlo una amenaza a la identidad, asume jerarquía sociales basadas en rasgos etnolingüísticos. Pero no solo eso, sino que la delegación de competencia de inmigración a Cataluña profundiza en la desigualdad territorial, toda vez que los catalanes participarán en las decisiones sobre acogida y contrataciones en origen de migrantes en el resto de comunidades autónomas, pero no a la inversa. Además de introducir limitaciones a la movilidad de los inmigrantes.

Sin embargo, al ser el control de los flujos migratorios competencias exclusivas del Estado, según el artículo 149 de la Constitución, no es posible la cesión del control de fronteras que hoy se ejerce mediante la Guardia Civil. Las fronteras no son de Cataluña, sino de España. Pero tener fronteras propias es un objetivo necesario para la construcción del Estado propio. Tras esta exigencia se encuentra la misma dinámica de expulsar de Cataluña a las Fuerzas y Cuerpos de Seguridad del Estado y a las Fuerzas Armadas a las que ellos vienen llamando fuerza de ocupación. Conocedores de la debilidad del Gobierno, les da igual que las materias que afectan al núcleo duro del Estado, entre las que está inmigración y extranjería, no sean susceptibles de transferencias a las Comunidades Autónomas. Ellos saben que en cualquier momento necesitarán sus 7 votos. Se trata de eliminar cualquier presencia del Estado en Cataluña para generar una independencia de facto que se completará más tarde con el concierto económico, esto es con la cesión, gestión y recaudación de todos los tributos estatales.

* * *

No cabe duda de que la inmigración, en las sociedades avanzadas donde funciona el Estado de Bienestar, es resultado del «efecto llamada» que a su vez es consecuencia de la cobertura de servicios públicos a todos los residentes. Desde el otro lado estaríamos ante el «efecto huida» consecuencia de la guerra, de la enfermedad o del hambre. Pero lo cierto es que los países desarrollados necesitan también a los inmigrantes para cubrir puestos de trabajo que de otra forma no se cubrirían. No hay más que ver, por ejemplo, la mano de obra del campo o la construcción cubierta por inmigrantes que de otra forma no sería posible. O en la hostelería, que en temporada turísticas no llega a cubrir los puestos de trabajo necesarios, a pesar del gran componente de inmigrantes que ya hay en el sector y la continua demanda de más mano de obra sin cubrir. Sin esta mano de obra el crecimiento estaría comprometido en los sectores que lo demandan. Pero no puede ser que el empleo que se cree esté monopolizado por inmigrantes de baja cualificación, porque afecta a la calidad del crecimiento al ayudar solo a las actividades con poco valor añadido. Por ello en las sociedades avanzadas las políticas migratorias tratan de favorecer la llegada de personal formado que contribuya a la innovación y el desarrollo.

La inmigración contribuye por tanto a aumentar la productividad y ocupar funciones que otros rechazan. Ser solidarios con los inmigrantes que llegan a nuestro país no solo nos dignifica como personas y como sociedad, sino que proporciona beneficios a corto plazo. En España el crecimiento del PIB ha estado impulsado, entre otros factores, por la inmigración que ha incrementado la población de 46,7 millones de habitantes en el año 2018 a 49 millones de habitantes en la actualidad.

Todos los países europeos cuentan con tasas de natalidad inferior a la tasa de reposición para mantener el tamaño de la población. En consecuencia, necesitamos de los inmigrantes como ellos necesitan de nosotros. Por tanto, interrumpir los flujos migratorios no se puede hacer a no ser que queramos desmantelar el Estado de Bienestar. Ni se puede cerrar la frontera a cal y canto, ni se puede abrir la frontera para todos.

En general la problemática de la inmigración va ligada a la problemática general de la economía. En un *Manifiesto por el crecimiento* los economistas Jesús Fernández Villaverde,

Luis Garicano y Tano Santos sostienen que la inmigración es un alivio temporal, y que los de baja cualificación cuestan al Estado, a lo largo de su vida, mucho más de lo que aportan a las arcas públicas. Por eso proponen como única vía realista hacia la prosperidad sostenible un aumento radical de nuestra productividad. Lo que implica abordar los problemas estructurales desde hace tiempo desatendidos en España.

* * *

En España la extrema derecha demanda el cierre de fronteras infundiendo el pánico moral para aumentar su rédito electoral. Y la extrema izquierda demanda papeles para todos fomentando más inmigración, mientras el gobierno actual lo utiliza para trazar trincheras con la derecha.

La solución en sus justos términos estaría en reducir la inmigración hasta el nivel que garantice la mano de obra suficiente que necesitamos y organizar su llegada por cauces regulares, conscientes de que no se dispone de recursos infinitos. Es por ello un problema social complejo. La inmigración es buena porque contribuye al crecimiento económico de un país, pero no ayuda a ganar votos. Y aunque la inmigración está rompiendo las costuras del Estado, no hay modalidad de nacionalismo que pueda hacerle frente.

Pero ¿cuántos inmigrantes necesita España para conseguir el reemplazo generacional y no perder población? Los cálculos de los expertos establecen la necesidad de tres veces más del saldo actual de los que han entrado.

En el momento actual en España hay más de 6,5 millones de inmigrantes (14% de la población). Un tercio de estos son ciudadanos que provienen de la Unión Europea, otro tercio de Sudamérica, y el tercio restante de países africanos. Pero no es posible conocer con exactitud el número de inmigrantes irregulares. Casi todas las estimaciones hablan de que serían cerca del millón los que viven en España en estos momentos. Pero sí que interesa resaltar, porque es desapercibido, que la gran mayoría de los inmigrantes entraron por vía aérea y cruzaron la frontera de forma legal para después quedarse. Y lo que llama la atención es el drama de lo que sucede por vía marítima, al descubrirnos el Mediterráneo como un cementerio y convertir la necesidad de acogida en un imperativo humanitario. Desde 1999 hasta 2023, por pateras y vía marítima, los inmigrantes que entraron ascienden a menos de 300.000. Y en otro foco del drama humanitario, en las ciudades de Ceuta y Melilla, el número de inmigrantes interceptados alcanzaron los 50.000. En los dos últimos años estos números han crecido enormemente. Puesto que lo que ocurre con las pateras, y en las vallas de Ceuta y Melilla, es lo que despierta más atención por sus repercusiones emocionales y humanitarias, la polémica política se ha centrado en ello. Resulta inmoral que el sacrifico de vidas humanas sea instrumentado como una fuente de votos.

El gobierno de turno, por su responsabilidad, es el que más acusa el impacto de esta situación, y parece impotente para evitar el drama en el Mediterráneo como cementerio, y también en el Atlántico frente a Canarias, porque las leyes internacionales y europeas hacen del rescate marítimo una obligación. Es por eso que aquí en España, como en otros países de la rivera mediterránea, los gobiernos buscan maneras de evitar la erosión política que este problema les causa, huyendo en lo posible de sus propias leyes y del control de su ciudadanía. Es lo que hace que la verdadera política de fronteras que practican estos Estados no tenga lugar en el Mediterráneo sino más allá en los países de origen y tránsito. Como Bauman dice: «de lo que se trata es de mantener el problema fuera de la vista y fuera de la mente, pero no necesariamente fuera de la existencia».

Así las cosas, el derecho humano de asilo es cada vez más difícil de aplicar, no solo porque los estados han externalizado las fronteras, sino porque cada vez más proceden a las devoluciones en caliente, y ambas cosas hacen imposible que los solicitantes de asilo formalicen sus solicitudes en los países a los que quieren llegar.

Es difícil distinguir los inmigrantes que vienen por motivos económicos y los que vienen por razones de conflictos bélicos o huyendo de terrorismo o dictaduras sangrientas. A los inmigrantes por razones económicas se les aplica la ley de extranjería y solo podrán ser devueltos a sus países de origen aquellos que no reúnen los requisitos legales exigidos. Mientras que los otros asilados, como refugiados, automáticamente obtienen permiso de trabajo y residencia en consonancia con las medidas que la legislación establezca en cada Estado, hasta que sea posible su vuelta a sus países.

Y sin embargo, para que sea efectiva la lucha contra la inmigración ilegal, requiere de la cooperación de los países de origen y de tránsito, no solo para la aplicación de políticas preventivas, sino también porque es la única forma de documentar primero a los inmigrantes irregulares y después obtener autorización para su repatriación. Y es así porque nos obligan los compromisos internacionales como la Convención de Ginebra de 1951, y el Protocolo sobre el Estatuto de los Refugiados de 1967. Y esta cooperación requiere la utilización de incentivos si se quiere que prospere. Es por ello que, en esta materia, tendría que existir una política única en la Unión Europea que debería ser quien tuviera las competencias en inmigración. La cooperación de los países emisores de estos flujos resulta necesaria y nadie mejor que la Unión Europea para tejer los acuerdos necesarios. Además estamos hablando de las fronteras de la Unión Europea.

Sin dar una respuesta adecuada al problema de la inmigración, está en juego la libre circulación interior en la Unión Europea. Pero en esto, como en otros aspectos, la Unión Europea camina lentamente, y a lo más que ha llegado es a un acuerdo de mínimos en el pacto de emigración y asilo, que afecta al derecho de asilo, a los centros de detención, a las deportaciones, y a la distribución de inmigrantes.

Cubrir la necesidad que tenemos de inmigrantes requiere que se gestione bien. Además de saturación en los centros de acogidas creando focos de tensión, de la existencia de tráfico de seres humanos, y de que sus flujos sean aprovechados a veces para colar algún terrorista, una vez asentados los inmigrantes en los países de acogida, aparecen nuevas dificultades para la integración social, y frecuentemente se crean nichos de marginalidad en los lugares donde fijan su residencia. Debido a la baja cualificación de la población inmigrante, cuyos hijos apenas llegan a niveles universitarios o de Formación Profesional, aparecen los graves problemas de integración social. Y es aquí donde hay que establecer políticas adecuadas. Por ello la inmigración y su gestión no debería ser politizadas.

Cuando se produce el aislamiento de los inmigrantes en grupos, por razón de religión, etnia o país de origen, se están creando muros invisibles que propicia que los inmigrantes, y los hijos de estos, no se sientan que forman parte del país que los acoge. La única posibilidad de que la Unión Europea sobreviva es que los valores europeos de libertad, igualdad, tolerancia y respeto a la dignidad de las personas prevalezcan y se asuma por los inmigrantes que llegan, pero también por la aceptación de los propios europeos.

Hasta ahora, no parece que los países europeos hayan acertado a resolver el problema moviéndose entre el multiculturalismo, de raíz anglosajona, que respeta identidades divergentes mientras se cumplan las leyes, y la integración, de raíz francesa, que confía en los centros de enseñanza la construcción de ciudadanos leales a la República más allá de su origen.

Históricamente, las rutas migratorias en el mundo van cambiando a compás de sus transformaciones y, con viejos o nuevos patrones, debería obligar a todos los gobiernos del mundo a una gestión centrada en la humanidad. Tanto más a los gobiernos de países democráticos cuyos limites morales pretenden ser superiores a los que no son democráticos.

Ahora bien, la inmigración que necesitemos y aceptemos hay que tratarla con respeto como nuevos ciudadanos que pueden vivir como quieran, sujetos únicamente, como toda la población, a las leyes que nos hemos dado. En esto reside la integración social. Más allá de esto, la exigencia de integración cultural, algo profundamente reaccionario, es acorde con alguna forma de nacionalismo que obliga al inmigrante a mimetizar las conductas locales, y le exige renunciar a ser quien es, y le impide vivir como quiera. Consecuentemente es una idea contraria a la ciudadanía abierta de las sociedades democráticas. Como dice Pau Luque: «un migrante que culturalmente no se integra es una feliz ofensa para la nación, pero no para la sociedad». Porque de lo que se trata no es salvaguardar la identidad nacional sino el Estado de Derecho. Lo que late detrás de la nación política es el concepto de ciudadanía, y este puede englobar diversidades étnicas.

* * *

Finalmente, es necesario una mirada al tsunami migratorio en el mundo provocada por la desigualdad global.

Aunque los países avanzados tienen un problema serio con las desigualdades en su interior, no es tan urgente como ayudar a que los países atrasados desarrollen su economía local para que sus ciudadanos no tengan que emigrar. Porque como dice Kenneth Rogoff: «en última instancia reducir la pobreza global requiere de una mayor apertura y de menos barreras comerciales. La fragmentación de la economía global, alimentada por tensiones geopolíticas y las presiones de las políticas populistas a favor de restricciones comerciales, plantea una amenaza seria para las perspectivas económicas de los países más pobres del mundo». La victoria de Trump en los Estados Unidos no hace más que confirmar la advertencia de Wolfgang Munchau sobre la desvinculación global como megatendencia de nuestro siglo.

Siempre existirán «fronteras calientes». Aquellas en las que existe mayor diferencial de renta entre países limítrofes. España está en una de las tres más importantes del mundo, la de África. Las otras dos son la de Estados Unidos con México, y la de Corea de Sur con Corea del Norte.

LA CONFLICTIVIDAD INTERNA ANDALUCISTA

La historia del partido Andalucista, tuvo dos etapas bien diferenciadas. Una primera socialista, definiéndose primero como Alianza Socialista de Andalucía (ASA) y después como Partido Socialista de Andalucía (PSA), y una segunda nacionalista, definiéndose como Partido Andalucista (PA) hasta su desaparición. En la primera etapa, su vida política fue un pleito familiar socialista con el PSOE, que ganó este último, con la pretensión de ocupar el espacio político socialista en Andalucía. En la segunda etapa, su vida política consistió en la búsqueda de un espacio político propio, con graves problemas conceptuales de definición, que generó gran conflictividad interna, y que desembocó en luchas personales hasta su desaparición. No logró estabilizarse y alcanzar la madurez de un partido institucionalizado.

Todas las fuerzas políticas de la izquierda tuvieron gran conflictividad interna en el proceso de transición democrática con distintas incidencias y resultados. En general, el radicalismo imperante en la oposición democrática al régimen franquista dificultaba la moderación. Los más radicales eran además los más activistas en el seno de las formaciones políticas y constituían un freno para la aceptación de una sociedad que quería un proyecto más homologable a los países europeos. El partido socialista lo resolvió satisfactoriamente unificando el socialismo bajo la bandera de la socialdemocracia. Incluso el partido comunista emulando a sus homólogos italianos se alejó del comunismo impuesto por la URSS definiéndose eurocomunista, abandonando la dictadura del proletariado, y propiciando la reconciliación nacional. Aun así, su desaparición era consecuencia de la no aceptación por la sociedad española de proyectos que se alejaban de los países democráticos europeos.

En el caso del Partido Andalucista su conflictividad interna tuvo dos periodos bien definidos. Un primer momento tuvo lugar tras las primeras elecciones democráticas, en las que quedó excluido del arco parlamentario. Acomodar el proyecto político aceptando que el socialismo se había unificado bajo las siglas del PSOE, resultó duro para una militancia que se reclamaba socialista y más radicalizada que las bases del partido de Felipe González. Y girar hacia un proyecto de centro izquierda, abandonando la S de socialismo del entonces PSA, para presentarse exclusivamente como andalucista, no fue tarea fácil e incubó un descontento interior que más tarde, después de las elecciones de 1979, estallaría en una crisis abierta cuando, ya con la presencia parlamentaria en Madrid de cinco diputados, intervino en la arena parlamentaria llegando a acuerdos con Adolfo Suárez en varias ocasiones.

De ahí surge una conflictividad entre el exalcalde de Jerez, Pedro Pacheco, y Rojas-Marcos que produjo la erosión en el andalucismo que presidió el resto de su vida política. Los pactos del Partido Andalucista con la UCD de Suárez eran interpretados como una desviación del ideario de izquierda que hasta entonces se había defendido y por tanto una derechización del partido. No eran visto como lo que realmente eran: acuerdos de configuración institucional de Andalucía como autonomía de primera.

Impotente para superar esta conflictividad, sin serenidad para rearmarse conceptualmente, casi ajeno al desarrollo democrático español y al nuevo escenario europeo, transformado en una organización dividida dedicada exclusivamente a la lucha personal, el andalucismo terminó muriendo sin llegar a insertarse en el escenario político español con un papel definido. Y aunque todo proyecto político de inicio tiene la misma probabilidad de triunfar o fracasar, pues el camino no está marcado de antemano, las circunstancias con las que se encuentre pueden favorecer o no dicho objetivo. La encrucijada en la que se encontró el Partido Andalucista era la de una operación de derribo de Adolfo Suárez a quien estaba dando oxigeno, cerrando las posibilidades de alternancia en el gobierno al PSOE que estaba a las puertas de conseguirlo.

* * *

El proceso de transformación del Partido Andalucista estaba plagado de graves problemas conceptuales ante las dificultades internas de cambio. Hasta cierto punto lógico. Hay que tener en cuenta que, en el primer congreso del partido, en 1976, entonces denominado Partido Socialista de Andalucía, se definía el carácter marxista del mismo. E incluso en sus estatutos se le dedica una amplia justificación a la dictadura del proletariado que se asumía en los términos desarrollados por el líder del Partido Comunista Italiano Antonio Gramsci.

Fue en 1978, siendo partido extraparlamentario, cuando se integra en el partido andaluz las Juntas Liberalistas que creara Blas Infante. Y en 1979, en el segundo congreso, al PSA se le añade el sobrenombre de Partido Andaluz (PSA-Partido Andaluz). Sin embargo, en ese segundo congreso se diagnostica Andalucía de la siguiente forma: «La nacionalidad andaluza, forjada a lo largo de siglos de historia es, pues, una formación social diferenciada del resto de los pueblos del Estado español, geográfica, histórica, económica y culturalmente. Su conciencia nacional se ha visto esquilmada desde que la conquista y la posterior explotación colonial alienaron ideológicamente a nuestro pueblo para privarlo del arma teórica que podía conducir a su emancipación».

* * *

Como puede verse se sigue utilizando conceptos marxistas como el de formación social, y se asume una visión colonialista de Andalucía que en el interior del partido se traducía en debates que tenían el horizonte de la liberación, y en ese sentido se asumía el carácter nacionalista al manifestar que la base social tendría que aglutinar desde los jornaleros del SOC (Sindicato Obrero del Campo) hasta la escasamente existente burguesía de la sociedad andaluza.

* * *

No fue hasta 1984, cuando se adopta ya la definitiva denominación de Partido Andalucista. Tenía entonces tres parlamentarios en el Parlamento andaluz (ganados en las elecciones de 1982), aunque siendo extraparlamentarios en el Congreso de los Diputados, (ya que se habían perdido los cinco escaños que se obtuvieron en el 1979).

Hay que decir no obstante que tanto las campañas electorales como la política desarrollada en las instituciones, tanto en el Congreso de los Diputados como en Parlamento andaluz, se desenvolvía en el pragmatismo que distaba bastante de la radicalidad conceptual de sus congresos, más destinadas a consumo interno. Pero desde sus inicios como formación nacionalista, en el discurso público, se descalificaba al resto de partidos en Andalucía por no ser de estricta obediencia andaluza, negándole a todos los militantes de esas formaciones su andalucismo. El partido Andalucista tenia ya la pretensión de representación holística que es intrínseca a todas las formas de nacionalismos y también de otros populismos.

Y no fue hasta 1988, ya con sólo dos diputados en el Parlamento andaluz, en su VII congreso, cuando se abandona el diagnostico colonial, se le quita las aristas nacionalistas y se proyecta una visión mas universalista, moderna, amplia e integradora de Andalucía. La declaración política de ese congreso decía así: «Está comprobado por la historia de la humanidad que el desarrollo de los pueblos se realiza en la medida en que cada pueblo es capaz de generar iniciativas, innovaciones, con la suficiente entidad como para constituirse en centro autoimpulsado, en centro creador. Por otro lado nada ni nadie puede tener una existencia independiente, sino que cada día con mayor intensidad, los pueblos están mas interrelacionados, son más interdependientes. Cada parte se conecta con un todo del que no puede desprenderse, sin riesgos de morir o anquilosarse. Todo ello es perfectamente compatible con la exigencia de mayores niveles de autogobierno, conscientes de que la diversificación de centros de iniciativas favorece el desarrollo más acelerado de los pueblos. De aquí, la necesidad de la potenciación de unas verdaderas autonomías regionales. Al fin y al cabo, un pueblo solo se entiende en el contexto más amplio de la humanidad como sistema.»

En esta declaración política está implícito el lema de Andalucía: "Andalucía por sí por España y la Humanidad". Entonces como Secretario General del Partido Andalucista tuve la colaboración crucial de José Aumente por su ascendencia y autoridad moral en el Partido Andalucista. Pero por esas mismas fechas publiqué un libro con el titulo de *Andalucismo: universalismo frente a autodeterminación*, y caí en contradicción con lo antes expuesto al asumir la tradición política Blasinfantiana de concebir el Estado bajo una forma confederal. Ni Andalucía a principio del siglo XX era la misma que a final de dicho siglo, ni la formula confederal era buena, ni entonces ni ahora.

Después vino el éxito electoral del 90 y con él se desató la nueva conflictividad interna del Partido Andalucista. Tras una nueva travesía del desierto sonaron tambores de guerra interna que hacían ver que la institucionalización del partido tampoco iba a ser posible ahora. Entonces decidí e hice público mi renuncia a presentarme nuevamente como candidato a la Secretaria General del partido en el Congreso del 1991. Yo lo era desde el 1986. Y en verano del 1993, tras las elecciones generales, abandoné definitivamente la militancia política y me dediqué a mi actividad profesional.

* * *

Ese mismo año, los nuevos dirigentes expulsaron a Pedro Pacheco del Partido Andalucista y este creó otro partido nuevo: el PAP (Partido Andaluz de Progreso). Ambos se presentaron separados a las elecciones generales de 1993 sin resultados para ninguno de ellos.

En esas elecciones sorprendió el lema de campaña del Partido Andalucista: «Ni Alejandro ni Pacheco». Y es lo que hicieron los andaluces, no votar ni a unos ni a otros. Quizás el electorado encontró un vacío y se sorprendió también de que no hubiera ningún mensaje propositivo. Como si no hubiera programa, nada que proponer. Aunque fue mi ultima participación en elecciones como candidato por Sevilla, no participé para nada en el diseño de esa campaña. Ni siquiera tuve información antes de darse a conocer. Y algunos sugirieron que posiblemente algún sondeo tenían los dirigentes de la campaña electoral que pudiera otorgar un escaño por Cádiz al partido de Pedro Pacheco. En Cádiz siempre ha existido más posibilidades de obtener algún escaño antes que en otra provincia. De hecho, en las primeras elecciones de 1977 se obtuvo uno en coalición con el PSP de Tierno Galván, pero en esa provincia se pactó que el primero fuera del PSP, y por ello el PA se quedó sin representación. Y justo por eso, en las siguientes elecciones de 1979, donde sacamos 5 diputados, Rojas-Marcos encabezaba la lista de Cádiz y no la de Sevilla. Así que si el lema de campaña de 1993, «ni Alejandro ni Pacheco», contribuyó o no a que el PAP de Pedro Pacheco no hubiera tenido resultado es de momento pura especulación. Otros podrán aclararlo. De haber obtenido el escaño hubiese supuesto que el nuevo partido de Pedro Pacheco se quedara con el espacio nacionalista andaluz.

Los partidos políticos son herramientas de participación política que tienen que revelarse útiles a la sociedad a la que dicen servir. Y el Partido Andalucista bloqueado en su desarrollo político por su conflictividad interna se mostraba ya inútil para Andalucía. Su aportación había concluido con la aceptación de los símbolos de Andalucía por todos los andaluces, así como por su esfuerzo en la equiparación de Andalucía, y con ella las demás autonomías de España, a las del primer nivel autonómico reservado constitucionalmente a vascos y catalanes. Su defensa de simetría en el modelo autonómico le costo la vida al no tener una organización preparada para asumir esa política. El Partido Andalucista estaba condenado a la muerte por inanición intelectual. Cuando entró en el gobierno andaluz en coalición con los socialistas asumió un rol colaboracionista sin nada nuevo que aportar que desnudaba aún más su inanición intelectual. Se sostuvo un tiempo más, pero ya sin fuerza, hasta que en el año 2015 fue disuelto a instancias e influencia de Rojas-Marcos según se hizo público en la prensa por él mismo. El fundador de la organización política fue el que oficio también de liquidador de la misma.

EL EDIFICIO DEMOCRÁTICO EN CONSTRUCCIÓN

Seguramente no habrá que mitificar la transición, pero el resultado fue un «efectivo consenso de concordia nacional» que fue lo que prometió el Rey Juan Carlos en su proclamación tras la muerte de Franco. Este consenso ha hecho posible medio siglo de libertad y prosperidad, periodo excepcional en la historia de España. Aunque posteriormente, el Rey ha tenido un comportamiento censurable, del que ha escapado a la rendición de cuentas debido a la inviolabilidad del monarca proclamada en la Constitución.

La transición puede periodificarse de distintas formas atendiendo al foco que pongamos en el análisis. Los políticos del tardo franquismo que colaboraron con Suárez, de manera reduccionista, ponen el foco en sus trabajos de desmontaje del régimen hasta celebrar las primeras elecciones democráticas durante los años 1976 y 1977. Sin desmerecer su meritorio trabajo, no es posible observarlo más que como un intento de atribuirse el tránsito a la democracia del que no cabe duda que fueron actores principales. Pero esto no hubiese sido posible sin la colaboración de los partidos principales de la oposición que esperaban un proceso democrático constituyente tras su legalización y concurrencia a las primeras elecciones democráticas. Por esta razón la transición abarcaría como mínimo hasta la aprobación de la Constitución de 1978 piedra angular de la democracia que iniciamos. Sin embargo, una mirada más amplia, entendería la transición hasta 1982; cuando se produce la alternancia en el gobierno con el acceso de la izquierda al poder, y una vez dejada atrás la intentona militar de golpe de estado de 1981. A partir de entonces la democracia se consolidó y posteriormente se inició nuestro proceso de integración europea. En el trabajo de consolidación de la democracia hay que resaltar el papel de Leopoldo Calvo Sotelo quien puso de manifiesto la supremacía del poder civil sobre el militar, tras recurrir ante el Tribunal Supremo la sentencia de los tribunales militares que condenó a los militares golpista de 1981, endureciendo la sentencia condenatoria de estos últimos. Antes de terminar su mandato, propició el ingreso de España en la OTAN, el 30 de mayo de 1982, modernizando el ejercito y cambiando su forma de estar en la vida pública. El ejercito dejó de ser uno de los problemas históricos para construir la democracia española.

Menos conocido es que desmanteló también una nueva conspiración militar en octubre de 1982, tres semanas antes de las elecciones que le dió el triunfo a Felipe González, como nos cuentan José Vidal y Pablo Pérez López en *Consolidar la democracia: el gobierno de Leopoldo Calvo Sotelo.*

* * *

A la salida de la dictadura se creía que lo más importante era que no descarrilara el proceso democrático. Y el poder se acumuló en unos pocos partidos. Después, en vez de soltar lastre para construir una democracia de calidad se produjo la colonización partidista de las instituciones y empresas públicas. El proceso de reformas políticas e institucionales conducentes a mejorar el edificio democrático incipiente se paró por ello desde entonces, con los únicos cambios que exigían el proceso de integración europea. Es más, se dio un paso atrás en 1985 al modificar la ley que otorgaba a los jueces la capacidad de elegir entre ellos a 12 miembros para el poder judicial, reduciendo con ello su potencial independencia. En adelante todos los jueces serían elegidos por el Parlamento aunque la experiencia en España nos ha enseñado que tras ese formalismo se esconde el verdadero reparto que se hace entre los partidos políticos mayoritarios al margen de la institución parlamentaria. En esa misma modificación de la ley, se suprimió también el recurso previo de inconstitucionalidad, sin arbitrar un nuevo procedimiento para los Estatutos de Autonomías y sus reformas, que hubiese evitado que el referéndum del Estatuto catalán se celebrase sin pasar previamente por el filtro constitucional.

Al ser recurrida la modificación de esta ley ante el Tribunal Constitucional, este dictó sentencia (la 108/1986) dando el visto bueno a la aprobación de la misma, pero en la que decía que la composición del Consejo General del Poder Judicial no puede ser reflejo del reparto de escaños del Congreso de los Diputados. Pero ya hemos visto que no ha sido así, y que ahora continua el hostigamiento a los jueces ya que Pedro Sánchez, pretendiendo ir más lejos, quiere hacer que la propia justicia sea un reflejo de la mayoría parlamentaria.

La Constitución había omitido un capítulo de controles y garantías que tenía que ser desarrollado con posterioridad. Iniciada la democracia, no hubo desarrollo posterior. El bipartidismo político, cómodo en este imperfecto sistema, abandonó toda posibilidad de acuerdo para realizar las reformas necesarias que elevaran la fortaleza y calidad de la democracia. La reformas deberían empoderar más a la ciudadanía y propiciar la independencia de los órganos de control del poder político, contrapesos que los países anglosajones llaman el Checks and Balances. No había intención de edificar una arquitectura institucional que protegiera e hiciera efectivo los valores constitucionales.

Por el contrario, decidieron colonizar las instituciones mediante el reparto de cuotas del Poder Judicial, del Tribunal de Cuentas, de la Comisión Nacional del Mercado de Valores, de la Comisión Nacional del Mercado para la Competencia, del Banco de España. Incluso se repartieron medio sistema financiero, las Cajas de Ahorro que posteriormente llevaron a la quiebra. Como alguien ha dicho, los organismos destinados a vigilar al vigilante están ocupados por los partidos en el poder. Mostraron la cara más peyorativa de los políticos, su exclusivo interés por el poder.

También otras muchas entidades públicas estatales han sido utilizadas como un botín a repartir entre los afines. Al mismo tiempo se producía la expansión de cargos en todas las administraciones para colocar a militantes y afines de los partidos. Basta con observar lo sucedido en el gobierno de España que, a fecha de hoy, con 22 ministerios tiene 795 cargos en personal de confianza. De estos, solo presidencia cuenta con 444 asesores. Queda todo dicho si se compara con Reino Unido que tiene 21 ministros y solo cuenta con 128 asesores para todo el gobierno. Se debería, al menos, copiar el modelo de Francia que ha puesto límite al número de asesores de cada ministerio. El límite lo han fijado los franceses en 15 asesores por ministerio, como máximo. Así, con 19 ministros, ahora tienen 356 asesores.

Esta expansión del gasto público, dando empleo a los afines de los partidos, también se viene produciendo en las demás administraciones: autonómicas, provinciales, y locales. Veamos como ejemplo el gobierno vasco, que con 122 asesores tiene el mismo número que el gobierno británico. El País Vasco tiene 2,2 millones de habitantes, mientras que Gran Bretaña tiene 68 millones de habitantes.

Otro tanto ocurre en España con la administración paralela, empresas y fundaciones dependientes de las distintas administraciones, que se eleva a 4.863 organismos públicos. Es de tamaño considerable y alberga a numerosos chiringuitos.

Se configura, de esta forma, una peculiar confederación de intereses integrada por quienes participan de esta singular lotería que reparte premios en forma de privilegios y prebendas cuyo objetivo fundamental es la conservación y mantenimiento del ventajoso status quo. El bipartidismo, sujeto a un movimiento pendular de acceso al gobierno, ha constituido una agencia de colocación. El que llega al poder coloca a los suyos y cuando cambia se coloca a los otros. A los que salen hay que buscarles refugio y recolocarlos en otras instituciones o empresas públicas que dependen de ellos. El economista Jesús Fernández Villaverde calcula en un 3% del PIB la grasa existente en el Presupuesto Público.

* * *

El pacto fundacional de la democracia moderna está basado en el principio de ciudadanía. Y los valores constitucionales eran el principal foco de atención e importancia en los inicios de la democracia española. Quizás entonces no se advertía que la eficacia del ordenamiento constitucional no radica en su pomposa declaración de derechos sino en la dotación de instituciones que lo garanticen. Nadie podía pensar entonces, que un aspirante a autócrata pudiera hacernos retroceder aprovechando su ascenso al poder, como estamos padeciendo ahora, simplemente con anteponer la ideología o su voluntad al respeto a las reglas del sistema. De acuerdo con el economista Friedrich Hayeck, la democracia no se define únicamente por el voto o la participación política, sino por la existencia de instituciones solidas y autónomas que actúan como contrapeso al poder ejecutivo. Y es aquí donde empezamos a fallar. La colonización partidista de todas las instituciones es el sostén del deterioro democrático.

* * *

Sentadas unas bases de reparto de puestos y cargos, a medio camino de una democracia de calidad sin terminar, ahora la lucha de poder era la prioridad para los partidos, y la falta de mayoría absoluta era resuelta con las muletas de los nacionalismos vasco y catalán, que obtenían grandes concesiones por su integración en este juego. En 11 legislaturas, de las 15 que hemos tenido, los gobiernos se han formado en España con el apoyo de los nacionalistas. Llevan razón quienes afirman que los independentistas han mantenido a los gobiernos españoles en régimen de libertad vigilada.

El deterioro democrático se sustenta en una ley electoral que no solo ha convertido a los partidos políticos en agencias de colocación, sino que ha distorsionado la representación del pueblo español al permitir la sobrerrepresentación de los partidos nacionalistas y fomentar la fragmentación nacional.

La ley electoral ha contribuido a conferir más fuerza a los nacionalistas del que realmente les hubiera correspondido si la distribución provincial de los escaños hubiese sido más proporcional a la fuerza real de la que disponían. El sufragio universal no consiste únicamente en que cada persona tenga un voto sino también en que valga lo mismo el voto de cada persona. Y lo peor de todo ha resultado ser que el favor electoral a los nacionalistas no solo no los ha integrado en el sistema, sino que les ha estimulado en sus tendencias separatistas.

En la Unión Europea, como en casi todos los países europeos, para acceder al Parlamento, los partidos políticos, tienen que superar un mínimo que suele oscilar entre el 2% y el 5% del electorado. Si en España se aplicara nada más que el 2% de mínimo, todos los partidos nacionalistas estarían excluidos del Congreso según los datos de las últimas elecciones generales celebradas en España. El partido nacionalista que más porcentaje de voto obtuvo en 2023 fue Ezquerra Republicana de Cataluña (ERC) con un 1,89%.

Los nacionalistas son contrarios a la aplicación de barreras electorales que afecten a sus intereses. El poder de las minorías radica en evitar dichas barreras y en tener sobrerrepresentación parlamentaria. Al dotar de sobrerrepresentación a los nacionalistas, para que le sirvan de muletas al bipartidismo, se provoca la ausencia de grandes coaliciones en la política española cuando la coyuntura lo requiera.

En la construcción de toda democracia es importante un buen diseño institucional porque la misma permite en su seno la existencia, incluso de aquellos que no creen en ella. Permite la libertad de pensamiento, de ideas, de grupos políticos, de empresas, entre ellas las de comunicación, y permite incluso que sus adversarios la combatan desde dentro. Es inherente a la democracia la existencia en su seno de sus enemigos íntimos, que diría el filósofo Tzvetan Todorov refiriéndose al populismo, la xenofobia, el mesianismo y el ultraliberalismo. Es decir, el nacionalismo excluyente, el miedo al extranjero, los intentos de imponer por la fuerza un régimen político, el imperio de la economía por encima de la política, y el desmantelamiento del estado del bienestar, constituyen formas en la que se manifiestan esos enemigos íntimos de la democracia.

Y es que de su régimen de libertades se deriva, además de la grandeza, la fragilidad de la democracia. Y por ello el proceso democrático de cualquier país también puede retroceder. Estamos hablando naturalmente de la democracia liberal, única que entraña un Estado de derecho. Para que la democracia liberal resista los envites interiores de aquellos que quieren combatirla es necesario que exista un Estado de derecho robusto y un espacio de convergencia sólido que, como dice Álvarez Tardío, proteja el pluralismo político del mal partidismo. Incluso en democracias avanzadas muy sólidas como la americana, hemos visto los envites que sufre con políticos como Trump, quien posee una visión hobbesiana del mundo. Hay que conseguir por ello, en palabras del profesor Eloy García, que la democracia sea en buena medida autogobierno crítico de una sociedad vigilante.

* * *

Para pensar con claridad sobre los peligros a los que se enfrenta la democracia liberal, hemos de entender que significan realmente sus elementos constitutivos: liberalismo, democracia e instituciones, nos dice Yascha Mounk, profesor en la universidad de Harvard, en su libro *El pueblo contra la democracia* y añade: «La perversión de la democracia liberal puede darse en dos sentidos. Las democracias pueden ser iliberales, es decir se supeditan las instituciones independientes al poder ejecutivo, o se restringe los derechos de aquellas minorías que no son de su agrado. O también, los regímenes liberales pueden ser no democráticos incluso aunque se celebren en ellos elecciones regulares y competitivas. Esta posibilidad se da allí donde el sistema político está tan sesgado a favor de la élite que las elecciones rara vez sirven para traducir las opiniones populares en decisiones efectivas sobre políticas públicas».

* * *

El mal diseño institucional de la democracia española, con el control partidista de las instituciones que debieran ser independientes, está en la base del intenso deterioro del proceso democrático español. Es lo que ha venido en llamarse la partitocracia, y que tiene como consecuencia la colonización de órganos constitucionales, empresas públicas, órganos reguladores, y medios de comunicación públicos. La erosión de los contrapoderes debilita la democracia y la aleja de los estándares de calidad.

Josu de Miguel Bárcena, profesor de derecho constitucional, resalta nuestra incapacidad para construir una legitimidad solvente de las autoridades independientes a partir de los principios de imparcialidad, reflexividad y ejemplaridad. Y señala: «Cómo encuadrar el saber técnico en el Estado y cómo hacerlo convivir con los órganos constitucionales es una exigencia intelectual imperativa, pero a la vez contraintuitiva porque en la era populista la objetividad, los hechos y la neutralidad no están de moda».

* * *

A esto hay que añadir la inexistencia de democracia interna en los partidos políticos que controlan el acceso a los cargos públicos de sus seguidores, amparados en una ley electoral que facilita que estos dependan más de los jefes de los partidos que de los electores. Y las técnicas electorales de programación social son las que hacen funcionar a los partidos políticos, carentes de vida interna. Para estos, las ideologías y debates, hay que mantenerlos solo a efectos de imagen en la sociedad. Quizás responda a la ley de hierro de la oligarquía, que formuló el sociólogo Robert Michels en su libro *partidos políticos*, y que nos enseña que si bien son necesarios los partidos políticos pueden resultar también un cáncer.

El deterioro democrático alcanzó también a la Administración en todos los niveles. Así por ejemplo, a 1 de diciembre de 2024, según la información que proporciona el periódico *The Objetive*, en los ministerios y organismos y entes dependientes de estos, hay colocados a dedo 11.218 personas-asesores y funcionarios que ocupan puestos de libre designación. Con salarios superiores a los de otros funcionarios del mismo nivel debido al complemento específico que se le paga como un plus.

Los partidos mezclaron la administración con la política, y dentro de ella se imponía la pertenencia al grupo en detrimento del mérito. Mucha gente entiende el cargo vitalicio de los funcionarios como un privilegio laboral por la estabilidad que les proporciona a estos. Pero no se conoce otra forma de salvaguardar a los funcionarios de las coacciones del poder. Por eso existe la función pública como forma de separación de las administraciones de la política. Pero si el sistema se pervierte y tal separación no es efectiva la democracia se deteriora.

Bajo las consideraciones anteriores no es sorprendente que se haya desarrollado con tanta intensidad la corrupción. La corrupción surge de un ecosistema en el que se desmantelan los controles, se coloca a los amigos en las agencias gubernamentales y el sector público, se fagocitan las instituciones, y se demoniza el poder judicial.

FIN DEL CONSENSO BIPARTIDISTA

A los inicios de la democracia española, cuyo desarrollo requería cierta paciencia, siguió un intenso desarrollo económico como resultado de la integración europea que posponía el necesario debate de la mejor arquitectura institucional para España. Y la alternancia política, modo de funcionar del sistema de partidos, parecía normal dado el espacio de convergencia que el bipartidismo había construido. Hasta que los dirigentes del PSOE deciden excluir al PP del espacio de convergencia que habían creado y sustituirlo con todos los grupúsculos antisistema y los independentistas. Entonces el nuevo espacio de convergencia se establece en alianza de todos los grupos que quieren acabar con el régimen vigente.

Este giro se inicia en el pacto del Tinell con Zapatero y se desarrolla en toda su intensidad con Pedro Sánchez. El pacto del Tinell prohibía al partido socialista alcanzar acuerdos de gobernabilidad con el Partido Popular, tanto en el Estado como en la Generalitat. Desde entonces el PSOE comienza a percibir el pluralismo como una anomalía. La nueva normalidad para ellos estaría en tener siempre el poder sostenido por una red clientelar, y a consecuencia de ello no debe existir la oposición.

Pedro Sánchez, de mejor dotación para el espectáculo que Zapatero, se desenvuelve en la posmoderna toma de poder absoluto que requiere mantener un telón ficticio de normalidad institucional sacando de ella a la oposición. Mientras tanto su partido, el PSOE, se desliza al iliberalismo y asume el tránsito a un Estado confederal. Quizás esta mutación, consecuencia de la adaptación socialista de quienes no quieren salir del poder, ha sido advertida por Felipe González que ha dicho que «no es lo mismo estar en el gobierno que gobernar«. Y ha denunciado que «Pedro Sánchez no tiene un proyecto nacional, porque el fracaso no es qué política haces, sino si la política que haces responde a un proyecto de país», y añadiendo que la polarización es un problema de los representantes de los ciudadanos y no de los representados, por lo que tenemos una crisis de representación. Recientemente ha declarado que el PSOE ya no le representa.

Y es lógico lo que dice Felipe González. Pedro Sánchez no tiene proyecto de país, porque su carrera presidencial ha consistido en sumar los votos necesarios para encaramarse al poder a cualquier precio. Pero conviene reparar en que el comportamiento socialista en el Siglo XXI ha vuelto a su tradición histórica, aquella que entiende la democracia como un lugar de tránsito a otro sistema, en este siglo al iliberalismo. Y para ello, a falta de proyecto, refuerza el discurso antifascista en forma de freno a la derecha y la ultraderecha. Se ha convertido, por ello, en una organización personalista, subordinada al líder que, a falta de un proyecto político para cohesionar a los suyos, promueve el odio al contrario y lo convierte en enemigo.

Se equivoca Alfonso Guerra cuando dice que el PSOE actual es otro partido. Lo es en cuanto al que protagonizó él con Felipe González, pero no en cuanto al PSOE anterior, por ejemplo, el de la República, para el que el juego democrático siempre fue mera cuestión instrumental para conseguir otros objetivos, y por lo tanto prescindible, superable. Porque, como hemos comentado anteriormente, el

PSOE de Felipe González, que tuvo un comienzo de cero en la transición al equipararse a la socialdemocracia europea, es un paréntesis en la historia del socialismo español. Con Pedro Sánchez, el PSOE, vuelve a sus orígenes apoyándose en una masa de votantes izquierdistas, para los que la democracia, la separación de poderes y el propio Estado de Derecho han devenido fascista, pues permite que la derecha llegue al poder. Un buen demócrata sabe perder. Un autócrata no, porque perder implica salir del poder, algo a lo que se resiste y nunca está dispuesto. Como tantos otros que se han sucedido detentando el poder, el sanchismo acabará aunque no sepamos cuando. Pero nos espera una terrible resaca a tenor del deterioro originado.

Son los socialistas los que apoyan el intenso proceso de demoliciones institucionales, abuso de poder y corrupción en el que nos vemos incurso ahora. Pone en evidencia que el partido centenario que lucha por las libertades es un mito, que, aunque les conviene fomentarlo por los réditos reputacionales y electorales que obtienen, no se corresponde con la realidad. Estamos asistiendo con Pedro Sánchez a la ruptura con la democracia para regresar al viejo peronismo. Por contraposición a ello podríamos decir que Felipe González fue más un líder de la sociedad española que del PSOE.

Esta polarización, que impulsa Pedro Sánchez, se convierte en letal al someter los principios democráticos a valores ideológicos o a sus necesidades políticas, ya que destruye los espacios compartidos. Favorece la tendencia en la sociedad a someterse a la «servidumbre voluntaria» que formula Manuel Aragón, ignorando que el objetivo de todo régimen parlamentario no se reduce a dotar de mera estabilidad al Gobierno, sino que ese Gobierno pueda gobernar; lo que resulta imposible si carece de capacidad para conseguir la emanación de leyes y la aprobación de los presupuestos. Y es que no sólo es importante que tenga autoridad social el método de elección de los gobernantes, sino que también la tenga la forma de ejercer el poder.

Y la mutación confederal socialista, que impulsada por los nacionalismos es aceptada por el PSOE, a cambio de ser apoyado en el gobierno de la nación y en el gobierno de Cataluña, para que tenga éxito requiere sometimiento voluntario de los ciudadanos y requiere también de legitimidad. Claro que cuando los dogmas del partido, o las consignas del poder se asumen renunciando a pensar por si mismo, los ciudadanos dejamos de serlo y nos convertimos en marionetas. Es obvio que, la fortaleza de la democracia necesita ciudadanos que asuman la insolencia de la libertad, que sean capaces de dar prioridad a lo urgente abandonando la órbita de un partido.

* * *

El deficiente diseño institucional de la democracia ahora se hace más visible porque los límites del poder cada vez son más reducidos. Recordemos que la principal diferencia entre democracia y autocracia es la existencia de límites del poder. Progresivamente los partidos van derribando los escasos diques que quedan para contener el poder, y los excesos partidarios son camuflados cambiando la denominación a los hechos reales con palabras que confunden a la opinión pública. Y aunque los partidos son necesarios para cualquier sistema democrático, la partitocracia es la perversión de la democracia. Es un proceso que nos va apartando de la libertad, transgrede la ley y convierte la propaganda en el eje de la acción política. A esa actividad propagandística se refieren cuando dicen que hay que ganar el relato.

LA COMUNICACIÓN POLÍTICA, EL RELATO

Como lo que cuenta en la vida pública es la percepción que los ciudadanos llegan a tener de los fenómenos sociales, nos advierte el profesor Arias Maldonado, desde el poder, «la propaganda ofrece un relato destinado a crear en ellos una conciencia falseada del mundo a medida de los interés del partido gobernante».

El objetivo del relato, como posverdad o verdad alternativa, es contradecir los datos y convertirlos en opinión mayoritaria. El relato frente al análisis de la realidad, porque si los hechos no son ciertos o hay hechos alternativos, la crítica al gobierno no tiene base donde sustentarse. Lo que hay son mentiras destinadas a polarizar. Mentiras o falsificación activa al servicio de una causa. El relato tiene como fin último eliminar o reducir la resistencia social o política.

Lo expresa muy bien Plácido Fajardo cuando nos dice: «La construcción de un buen relato no tiene que ver, necesariamente, con su veracidad, que es una cuestión secundaria o subordinada. Lo que importa son las bases que lo sustentan, los argumentos que lo estructuran, la pasión con que se trasmiten y la intensidad de su reiteración para colocarlo. Los consumidores de relatos evitan el pensamiento crítico. En su autoimpuesta ceguera, simplemente, quieren creerlas, ya sea por afinidad ideológica, por idealismo, ilusión o dogmas de fe.»

Fajardo nos muestra con claridad la diferencia de comportamiento que tenemos los ciudadanos con el relato político y el relato corporativo de las empresas en su desarrollo comercial: «Mientras que la mentira en el relato político se tolera con muchas tragaderas, la mentira en el relato corporativo tiene consecuencias fatales. Podemos votar a un mentiroso probado – porque es el nuestro -, pero huimos de comprar o de contratar a quien nos engaña».

* * *

Como la comunicación es fundamental en la política, pues ello es necesario para dar sentido a la acción que se proyecta persuadiendo a la opinión pública de que la realidad que se describe es la verdadera, el juego de palabras, diría el profesor Arias Maldonado, que emplean los partidos para maquillar la realidad forma parte de la guerra de significados que están librando. Así a la autodeterminación o independencia le llaman «el derecho a decidir», a la amnistía «el alivio penal», a los privilegios «derechos históricos» o «singularidad», a la desigualdad territorial «federalismo asimétrico», y «progresista» a todo lo que forma parte de la alianza con el PSOE, aunque sean totalitarios populistas o derecha xenófoba nacionalista. Igual ocurre cuando lanzan un torpedo en la línea de flotación del Estado de derecho al emplear la palabra «desjudialización» para dejar de sujetar el poder político a la ley y que los jueces se aparten y no estorben a la política. O cuando llaman «regeneración democrática» a las medidas de asalto al poder judicial y las amenazas a los medios de comunicación.

Cuando se amenazan a los medios de comunicación se está convirtiendo la información en práctica de riesgo sometida a la censura del gobierno. Y al sustituir la información por la propaganda el gobierno cae en el iliberalismo y se acerca a las autocracias que quieren monopolizar la verdad.

Las amenazas de Sánchez a la prensa se deben a que tanto él como su partido, tienen conciencia del mal ejercicio del poder que están obligados a hacer para no perderlo, y que ello supone un riesgo electoral incalculable, toda vez que las adhesiones ciudadanas a su liderazgo, aunque sean cuasireligiosas, pueden sufrir un serio quebranto. Esta capacidad de amenaza se la confiere el hecho de que la radiotelevisión pública, más las empresas públicas, hacen del Estado el mayor anunciante publicitario de España. Disponen por ello de un gran poder en la distribución de publicidad de la que dependen muchos medios de comunicación privados. Estos se han vuelto muy vulnerables ante el poder, debido a la transición en sus modelos de negocio en la que se ven incursos, hoy en crisis, como consecuencia del impacto de la digitalización.

La necesidad de retorcer el lenguaje en la comunicación ocurre también con lo que últimamente llaman «financiación singular», para blanquear la desigualdad financiera de las comunidades autónomas con respecto a Cataluña, porque las necesidades de Pedro Sánchez le obligan a pagar el precio de poner la Hacienda Nacional al servicio de Cataluña. Y el argumento de que la financiación singular es un paso para federalizar España es un cuento, como han demostrado los economistas Jesús Fernández-Villaverde y Francisco de la Torre, pues de lo que se trata es de crear una confederación asimétrica en la que el sistema de financiación de las Comunidades Autónomas ya no será garantía financiera de que las prestaciones públicas de sanidad, educación y servicios sociales se puedan recibir, de una forma parecida, en toda España.

Al cambiar la verdad factual, la verdad de los hechos, como ocurre cuando niega la existencia de la fórmula del concierto en el pacto que ha suscrito con Esquerra de Cataluña, el PSOE da hoy sobrada muestra de su capacidad como fabricante de relatos para que la realidad sea otra. E igual ocurre cuando llama regeneración democrática al camino hacia la iliberalidad. Para configurar un régimen a su medida, este produce una inversión del lenguaje. Es un transformismo tolerado por sus seguidores para obtener las regalías del poder al mismo tiempo que se anestesia a la ciudadanía mediante una sobrecarga ideológica que dificulte diferenciar lo verdadero de lo falso.

Al plantear Pedro Sánchez su plan de regeneración democrática lo que quiere en el fondo es trasladar las acusaciones que le inculpan del deterioro democrático a otros actores, llámese oposición democrática o medios de comunicación. La propaganda opera ofreciendo la imagen de que ellos son los buenos en defensa de una ciudadanía que sufre un sistema de degeneración democrática. Propician una imagen invertida, pues ellos son quienes lo hacen, pero la culpa es de otros. Y con esta descalificación generalizada se pretende inmunizar a sus fieles frente a cualquier noticia periodística que afecte a ellos. Tienen claro que la mejor defensa es un ataque, y parecen creer en la superioridad ética del engaño.

Además al relato le añaden un trasfondo ideológico que repiten incesantemente. Se trata de impedir que gobierne la ultraderecha, identificada en todos los que no apoyan al gobierno, y a la que relacionan con todos los males, y como consecuencia cualquier cosa es mejor antes que dejarles gobernar. De esta forma el elector aceptará, aunque sea a regañadientes, lo que haga falta para contentar a Puigdemon, Junquera y Otegui, que son el sostén del Gobierno.

Felix de Azúa dice con razón que no hay diferencia entre un uso equívoco, tramposo, oscuro o falso del lenguaje y un ánimo, una intención, un propósito fascistoide.

Pero hay que insistir, como enseña Arias Maldonado en *Posverdad y democracia,* en que cuando se habla de mentira o engaño solo es posible hacerlo acerca de los hechos. Distinta es la verdad política, que es aquella que resulta del consenso legítimo en el interior de la sociedad.

El desarrollo de las tecnologías electrónicas ha posibilitado el uso indiscriminado de la mentira por parte de los representantes públicos. No es que antes no haya existido la mentira en la política. Siempre la hubo, pero no como ahora en esta época de posverdad en la que el argumento político ya no existe en beneficio exclusivo de la sola propaganda. Tergiversar los hechos para crear una realidad alternativa. A esto le llaman el relato.

No es fácil para el ciudadano descifrar la trastienda de todo esto. Los partidos tratan de adquirir eco mediático para aumentar su potencial movilizador, nombrando e interpretando la realidad como quieren para atraer a los ciudadanos y a sus oponentes a esa realidad inventada. Trabajan creyendo que sus discursos pueden crear realidad.

Como advierte Andrés Betancor, catedrático de Derecho administrativo, «el salto a la crisis del régimen se está cebando con un lenguaje ya no sólo de crispación y de odio, sino con unas palabras que siembran la posibilidad de una legitimidad democrática que no conoce de límite alguno».

Eso lleva a que la mayoría de los ciudadanos sean votantes religiosos antes que demócratas seculares, y que no les preocupe la integridad de las instituciones o el respeto a la ley; sino sólo la hegemonía de su partido, como nos advierte Arias Maldonado. Bajo la creencia de que si las intenciones son buenas todo está permitido, y capturando a los órganos que tienen que servir de freno al poder, se colocan en el punto y final de la adulteración democrática. Es lo que da lugar al patriotismo de partido para el que la existencia del partido está por encima del bien público. De esta forma el espíritu ciudadano muere, porque es incompatible con la religiosidad política.

Al mismo tiempo se produce la aceleración del tiempo político. Lo que se denomina la turbopolítica. Consiste en inundar los medios de comunicación de noticias, derivadas de iniciativas políticas sucesivas y rápidas, provocando déficit de atención del ciudadano. Iniciativas que al mismo tiempo no respetan las formas tradicionales y procedimentales de la democracia liberal.

LOS LÍMITES DEL PODER POLÍTICO

El Estado de derecho es una larga conquista de la civilización, y el mismo entraña un límite al poder del político. Solo el poder controlado no llega a ser un poder arbitrario. A diferencia del ciudadano que puede hacer todo aquello que las normas no le prohíben, el poder constituido solo puede hacer lo que la ley expresamente le permite. Sorprende en estos momentos del desarrollo político en España, que haya tantos votantes socialistas que prefieran el éxito de su partido antes que mantener la integridad constitucional.

* * *

En la arquitectura institucional hay que destacar los problemas que derivan de una ley electoral que, bajo el sistema de listas cerradas y bloqueadas, hacen de los cargos públicos empleados de los partidos políticos, en vez de representantes de la ciudadanía que persiguen el interés público. Así por ejemplo la Constitución prohíbe el mandato imperativo a los diputados para que sean verdaderos representantes del pueblo en la defensa del interés general, pero éstos en la práctica, como buenos empleados, mantienen prevalentemente la lealtad al partido sin tener siquiera en cuenta la opinión de sus representados. El partido transformado en agencia de empleo, sus cargos públicos convertidos en capturadores de renta, y la Administración como pesebre. Los partidos fallan a la hora de filtrar a los candidatos a puestos de responsabilidad pública. Por ello es necesario la existencia de filtros institucionales para acceder al poder o para mantener el poder los cargos públicos. Por ejemplo la limitación de mandatos.

* * *

Llevan razón los analistas cuando advierten que toda posición política que no se somete a debate, degrada su tesis por falta de exposición a las críticas. Es lo que ocurre, cuando para evitar la discusión o el debate, la izquierda suele exhibir superioridad moral. De tal manera que los actos progresistas, al ser buenos por si mismo, no requiere contrastar sus resultados. Lo que se adjetiva progresista no necesita probarse. Los actos se justifican por si mismo al proceder de una superioridad moral, aunque muchos sabemos que la calidad moral de las ideas no depende de la calidad moral de sus defensores. Quizás por ello Felipe González calificó como una ofensa a la razón la pretensión de Pedro Sánchez de autocalificarse presidiendo el gobierno más progresista que ha tenido España.

En esta fase final de nuestra democracia, el divorcio de la izquierda en el gobierno con la moral se manifiesta con toda su crudeza, y sus apetencias de obtener o permanecer en el poder los lleva a apoyar la desigualdad del proyecto de los nacionalistas. Sin tampoco olvidar que la perversión democrática está llegando a extremos que nos permite ver como los políticos imputados acaban imputando a los jueces, y como los verdugos etarras son exaltados sobre sus víctimas.

Muchos piensan que los ciudadanos dependen de los políticos ignorando que estos tienen un poder delegado del que tienen que dar cuenta. Es la razón por la que no se castiga como debiera a los políticos que incumplen con lo que han prometido. Creen que como en el fútbol, saben qué camiseta visten. Ocurre que la razón, única camiseta verdadera del ciudadano, es sustituida por la afiliación de grupo en todas las circunstancias. Y como los que le apoyan son crédulos forofos antes que ciudadanos no hay dimisiones en los políticos. Esto hace que en la actualidad muchos se pregunten si Pedro Sánchez es la causa o el síntoma del deterioro democrático en España, donde existe ausencia de verdadera política y solo lucha de poder.

¿Es Pedro Sánchez, como dice Benito Arruñada, el espejo de la obra colectiva de los españoles? Para él los actuales problemas no aparecen con Pedro Sánchez, sino que hunden sus raíces y dan continuidad a las políticas institucionales y económicas que fueron adoptadas por los gobiernos de todo signo desde 1982. Por eso hay que analizar lo que ocurre ahora como una etapa, seguramente la más aguda, de un sistema partitocrático al que hemos llegado debido al mal diseño institucional desarrollado tras aprobarse la Constitución. Y si esto es cierto, la solución no vendría con la sustitución de una persona por otra, sino en reformar la arquitectura institucional que tenemos para que, si llega al poder otro Sánchez, no pueda hacer lo mismo.

Pero el problema actual es que hay todo un partido político centenario dispuesto a acompañar a su líder en su camino al iliberalismo autocrático y una masa de ciudadanos que, con su voto, lo hace posible. El que fue dirigente del PSOE Tomás Gómez advierte que Pedro Sánchez ha colonizado el partido: «Ya no es un partido político; es otra cosa, una red de intereses personales, de cargos, de responsabilidades, para mantener un estatus personal». En un partido de empleados, los de arriba ya no dependen de los de abajo. Es justo al revés, los de abajo dependen de los de arriba. En resumen, una estructura de intereses personales asidos al poder para vivir de las ubres del Estado. El socialismo actual se caracterizaría por una concepción patrimonialista de las instituciones del Estado.

El camino al iliberalismo es similar, si no idéntico, en todos los países que triunfa. Liderazgo cesarista, ocupación de un partido tradicional para convertirlo en una máquina al servicio personal, colonización de las instituciones, fomento de la división como principal arma política y recurso a la mentira en la comunicación política. La democracia, el voto del pueblo, es reducida a un instrumento de legitimación del poder. Y se acaba con la división de poderes y la existencia de contrapesos.

Por lo expuesto anteriormente se ha creado un limbo político para muchos socialistas que creen necesario un nuevo partido que satisfaga las ideas socialdemócratas. Así, por ejemplo, pretende ser cubierto por una nueva formación política llamada Izquierda Española. Esta formación política se presenta con verdaderos valores republicanos (que poco tienen que ver con un estéril debate sobre la monarquía) y que resumen en «el respeto al Estado de derecho como base de la igualdad y de la participación ciudadana, el racionalismo que huye del dogma del nacionalismo, del chauvinismo y del Volkgeist; la igualdad de oportunidades independientemente del lugar de nacimiento, la vocación utópica de eliminar el privilegio». Es una proclama contraria a la muerte de la socialdemocracia. Pero en cualquier caso revela la convicción de que desde dentro del PSOE ya no es posible su rescate y renovación. Y que es desde fuera del mismo, como proyecto nuevo, desde donde puede renacer la vida socialdemócrata. Quizás respondiendo a la advertencia de Felipe González al afirmar que «uno de los fracasos de la socialdemocracia es que la caja de herramientas ha cambiado y aun siguen pensando en lo mismo de hace 40 años». Y que «se ha perdido el foco de la lucha contra la desigualdad que es un problema fundamental que tiene las sociedades actuales».

* * *

En democracia, los límites del poder se manifiestan en todas las instituciones. Las acciones que se emprenden desde ella están sujeta a las reglas que emanan del orden constitucional y no vale saltárselas bajo ningún pretexto. Esto ha quedado de manifiesto, cuando los independentistas recurrieron al Tribunal Europeo de Derechos Humanos (TEDH) en apoyo de su pretensión independentista, y ante la sentencia que en su día dicto el Tribunal Constitucional español. El TEDH sostiene en su sentencia, que lo que pretendía con sus decisiones el Parlamento Catalán, guiado por el proyecto de crear un Estado catalán independiente, era eludir los cauces constitucionales para la reforma de la Constitución española. Y al mismo tiempo expresa el reconocimiento de que el Tribunal Constitucional español no actuó para imponer la adhesión ideológica a la Constitución, cuestión sobre la que cada cual es libre de pensar como quiera, sino en salir al paso de las decisiones unilaterales sobre la existencia de un orden constitucional.

EVALUACIÓN DE LAS POLÍTICAS PÚBLICAS

En la esfera pública los hechos solo pueden comprobarlos quienes tienen un saber especializado en sus diferentes ámbitos de competencia, los científicos, los jueces, los periodistas, los profesionales. La propaganda es alérgica a la distinción entre verdad y mentira. La función social que cumple la propaganda es pretender que quien la emite se le vea no por lo que es, sino por como quieren que le vean.

La inexistencia de una evaluación de las políticas públicas que los gobiernos aplican mediante oficinas técnicas especializadas, no sólo no ayuda a corregir lo que se hace mal, sino que dificulta que los ciudadanos tengan una información más allá de la propaganda. Las ideas políticas están al servicio de los ciudadanos para mejorar su situación no pertenecen pues al orden de la teoría pura. Descender del cielo de la fe al suelo de la razón es necesario cuando las ideas tienen consecuencias. Si se muestran erróneas y fracasan en sus objetivos es mejor cambiarlas por otras. Pero sin una información, la del conocimiento experto, muchos ciudadanos pretenden encontrar en las ideologías un cuerpo de ideas definidas y precisas que les proporcione las certezas que necesitan. Ello hace que aquí exista una incapacidad de rectificar políticas como hacen otros países del norte europeo.

Un ejemplo reciente de ocupación partidista es la del Banco de España. Única institución que pudiera orientar al ciudadano, puesto que tiene la responsabilidad de hacer un seguimiento del impacto de las políticas públicas, además, por supuesto, de las muy importantes de supervisor del sistema bancario y de trabajar por la estabilidad de precios. Y es por eso por lo que el gobernador del Banco de España tiene que comparecer en el Congreso de los Diputados para valorar los efectos de las decisiones del Gobierno en materia social, fiscal y presupuestaria. Y a tal fin advierte de los posibles efectos adversos, cuando los haya, y ofrece recomendaciones al Gobierno, aunque estas les resulten incómodas. ¿Podemos imaginarnos al actual Gobernador del Banco de España, Escrivá, cuestionando la sostenibilidad del sistema de pensiones que él mismo implementó siendo ministro meses antes? El ministro Escrivá defendió una reforma de las pensiones insostenible que era populismo fiscal y contabilidad fantasiosa como han demostrado muchos economistas solventes. Es un ejemplo claro de cómo el efecto de las puertas giratorias es demoledor.

Es evidente que, como dice Maldonado, cuando se trata de gobernar, necesitamos expertos que sean leales al Estado y que no se dejen corromper por intereses de los gobiernos que son cambiantes y están en manos de partidos concretos. Esto se logra con el diseño institucional. Y añade más, al advertir la necesidad de que la clase académica-científica abrace una ética de la imparcialidad. Necesidad extensible a otros ámbitos al decir «lo que necesitamos en realidad es algo que no podemos producir a voluntad, que son expertos, periodistas, ciudadanos que tengan una actitud de verdad. Es decir que busquen la verdad con independencia de la identificación política que puede tener cada uno».

La evaluación de las políticas públicas no interesa a los que ejercen el poder porque pretenden ser inmune a las críticas que pudieran derivarse de ello. No quieren el saber resultante de la experiencia sino el que procede de sus principios y verdades últimas ajenas a toda verificación o contraste.

* * *

En la actualidad, a los problemas específicos de nuestro desarrollo democrático, se suma los que provienen de un mundo en transformación tecnológica que no sabemos aún que nos va a deparar.

Las esperanzas que habíamos puesto en las nuevas tecnologías (Internet, redes sociales e Inteligencia Artificial) para reforzar la democracia y extenderla en el mundo, se ven oscurecidas y contradichas por la desinformación y las fake news que aparentan propiciar una mayor indefensión de los ciudadanos cada vez más influidos y manipulables y controlables por estas nuevas herramientas. Y es que como ocurre con todas las herramientas se pueden utilizar para bien o para mal. Tendremos que adaptarnos a este nuevo mundo tecnológico y encontrar la mejor forma de que se desarrollen las libertades democráticas propiciando las regulaciones que lo hagan factible. Pero cada vez que hablamos de regulación, si no existe un regulador independiente, nos estamos refiriendo a acciones del gobierno. Y en este caso no hay que presuponer que el interés general informa su acción.

La tecnología ha aumentado de forma exponencial nuestra capacidad para causar daño a escala planetaria. Pero no ha crecido de igual forma nuestras herramientas para manejar en forma responsable estos novísimos poderes. Quizás la Inteligencia Artificial pueda ayudar al surgimiento de una conciencia global pero aún queda mucho camino por recorrer.

La democratización de la información a través de internet empodera a todos los ciudadanos cualquiera que sea su cualificación intelectual. Esto acarrea que la bisoñez democrática de gran parte de la población sea presa del populismo o del poder que utilice la mentira como herramienta que justifique sus políticas. Y a la vista están los efectos erosionante que provoca en las democracias las nuevas tecnologías de la información que convierte a los usuarios además de consumidores en productores de información. Es un mercado de opinión completamente liberalizado. Las redes sociales crean un entorno hiperdemocrático, pero lo que circula de forma viral no son informaciones sino mensajes emocionales que provocan polarización. Vemos que los avances tecnológicos pueden operar como factor de desestabilización. Por ello la propaganda ahora se desarrolla más en las redes sociales. Ante ello, el profesor Federico de Montalvo, propone la alfabetización mediática, definida como el proceso de aprendizaje de habilidades y capacidades técnicas, cognitivas y sociales, cívicas y éticas, para analizar los contenidos de forma más crítica y desarrollar una postura más activa ante ellos.

El problema finalmente se circunscribe a lo que nos enseña el catedrático de filosofía del derecho Pablo de Lora al decir que «no hay comunidad política viable allí donde una masa crítica de individuos no comparten epistémicos básicos, un lenguaje común con el que referirnos a la realidad, palabras claras que no hurten la discusión sobre lo sustantivo, una común creencia en relaciones de causalidades básicas, si me apuran empleo de la lógica en primer orden».

LOS POPULISTAS Y ANTISISTEMA

La transición democrática, pese a sus defectos, fue un éxito se mire como se mire. En la medida que supuso el paso de una dictadura a un régimen de libertades de forma no traumática, sin violencia, fue extraordinario. Si además se tiene en cuenta que, aun a pesar de sus defectos y limitaciones, nos dotamos de una Constitución de las más avanzadas del mundo es motivo de satisfacción. Sin embargo, se ha cuestionado desde algunos sectores sociales esta transición e incluso se descalifica la misma desde una perspectiva extrema, y se presenta como continuadora del régimen dictatorial anterior bajo apariencia democrática. La democracia vendría a ser una ficción con la finalidad de esconder una estructura política injusta heredada del franquismo.

Esta forma de ver la transición siempre fue marginal y residía en grupos radicales antisistema. Pero durante la crisis económica, esta visión se ha extendido en amplios sectores, alentados por proyectos políticos populistas que aprovechan el malestar originado por la crisis económica y por la clara percepción en la opinión pública española de que el edificio institucional da señales de aluminosis.

La izquierda actual surge de negar el marco moral y jurídico de la democracia constitucional del 78. Intenta destruir desde dentro lo existente para construir lo nuevo que desean. Desde esta lógica se impone un discurso sustentado en el dilema amigo-enemigo, y miden la dignidad de las personas por sus ideas, degradando con ello la cultura democrática. Esta dinámica populista, al final, lo que persigue es laminar el pluralismo en nombre de un proyecto que es monista, que basa la legitimidad del poder político en una mayoría desprotegiendo al individuo y a las minorías.

Para atacar al régimen del 78 los populistas atacan directamente a la Corona que es la principal institución del Estado. Y en la actualidad, la erosión del espacio y la visibilidad monárquica es obra de un gobierno populista que rechaza la monarquía como forma de Estado, erosionando paralelamente nuestra Constitución.

Los factores que sustentan la crisis política actual son la polarización política, la digitalización de la esfera pública y el avance del populismo.

En general, los estudios sobre populismo lo relacionan con la deriva y degeneración democrática. El populismo seria una respuesta al mal funcionamiento de la democracia. Y lo que une al populismo de extrema izquierda con el de extrema derecha es un fuerte sentimiento antielitista.

El historiador Loris Zamatta, gran estudioso de los populismos hispanoamericanos, sostiene que se han dado en todas las épocas. Y va más allá, entendiendo el populismo como una declinación política, social, cultural, de una visión religiosa del mundo finalmente. Según este autor, el populismo imagina una edad de oro originaria como hacen todas las religiones. Después la historia corrompe, porque la historia es degeneración, y el populismo viene a ofrecer la salvación, de ahí su impulso religioso. Se refiere al pueblo no al individuo, porque estamos hablando de un fenómeno social. El populismo es una nostalgia, es una holística, esencialmente, nos dice este autor.

Esta idea de comunidad mítica está también en el nacionalismo y en la clase social de la idea marxista. En el nacionalismo se manifiesta por creer en una nación preexistente por encima de la voluntad libre de la ciudadanía, y en el marxismo por creer en una sociedad futura resultado de un proyecto de ingeniería social.

La fuerza del mensaje populista radica en que no cuestiona directamente la democracia, sino sus fundamentos humanistas y liberales, y se desenvuelven siempre en el corto plazo a lomos del mensaje emocional de coyuntura más útil para sus fines. Por eso se les llama democracias iliberales a los regímenes políticos que logran implantar. El iliberalismo es un sistema político que antepone los resultados electorales a las libertades civiles y el imperio de la ley.

En la lucha política los tiempos solo existen en el corto plazo. Pero como han demostrado Daron Acemoglu y James A. Robinson, de la Universidad de Chicago, en su libro *Por qué fracasan los países*, las instituciones y la cultura política son los determinantes más importantes del crecimiento a largo plazo. Pero como la competición electoral tiene como objetivo alcanzar el poder o mantenerse en él en ese mismo momento en que se está produciendo el proceso político, hace impredecible el rumbo que va a tomar un país en el futuro porque depende de lo que ocurra en la contienda electoral en cada coyuntura. Se puede avanzar o se puede retroceder dependiendo de lo que ocurra. Especialmente si estamos en una coyuntura crítica como la actual.

Siguiendo a los recientemente nominados Nobel de economía por la academia sueca, fracasan los países que favorecen unas élites extractivas, y triunfan los que tienen instituciones inclusivas. Es pues la formación de las instituciones lo que afecta a la prosperidad de los países, y esto es lo que debemos observar en España para entender lo que sucede, ya que el deficiente diseño institucional hace de nuestro país un lugar donde se producen y reproducen las élites extractivas.

¿HACIA UNA DEMOCRACIA ILIBERAL?

La democracia española superó con éxito el intento de golpe de estado militar de 1981. Pero nuevamente, en 2017, se vio incursa en un nuevo golpe de estado desde un poder del propio Estado, la Generalitat de Cataluña, durante una etapa de grave crisis económica en la que como resultado también se ha puesto en cuestión el sistema de partidos políticos que alumbró la transición. Si bien España superó con éxito estos dos intentos de golpes de estado, no está tan claro que un tercer envite a la democracia española, consistente en la erosión sistemática de sus principales instituciones camino de una democracia iliberal, seamos capaces de superarlo bien.

Los gobernantes con aspiraciones autocráticas siempre intentan modificar el régimen político para acomodarlo a sus necesidades personales y a sus intereses políticos. El momento en que una democracia liberal deja de serlo y su naturaleza se convierte iliberal es difícil de establecer. Por eso gran parte de la sociedad, que sufre esta mutación inadvertidamente, no reacciona hasta que resulta tarde para ello.

¿Sufre España una deriva hacia una democracia iliberal? ¿Por qué hemos llegado a esto? Quizás convenga valorar la coyuntura en el contexto de una perspectiva más amplia en el tiempo. Aunque llevamos cuarenta años de democracia en España, es un periodo corto si lo comparamos con el tiempo que la misma se ha desarrollado en los países más avanzados de Europa. La experiencia ciudadana española, como la de todos los países, se adquiere con los altibajos propios del devenir. Una gran parte de la población española, casi la mitad, han nacido y vivido en democracia sin advertir que eso es lo anormal en nuestra convulsa historia de los últimos siglos. Gran parte de esa población joven se moviliza con los extremos políticos en vez de defender lo excepcional para nosotros que no es otra cosa que la democracia.

El paso de una estructura de poder dictatorial como la franquista a una estructura de poder democrático se hizo, como no podía ser de otra forma, apoyándose en un sistema de partidos nacientes que, en el 1975, a la muerte de Franco eran organizaciones muy débiles. Y la sociedad civil organizada prácticamente inexistente.

Y como el poder tiende siempre a expandirse como los gases, es esta debilidad la que, con urgencia, empuja a los partidos, que desde las primeras elecciones democráticas alcanzaron representación parlamentaria, a fortalecerse utilizando todos los resortes a su alcance para ello; y no encuentran freno en esa tarea dada la inexistencia de una sociedad civil bien organizada que pudiera hacer de contrapeso a los excesos que se producían.

Así se produjo la colonización partidista de las instituciones, e incluso de medio sistema financiero (las cajas de ahorro). Y así se multiplicaban los cargos públicos y se creaban organismos y empresas públicas. Además, para financiarse, impusieron un sistema de peaje a las empresas que accedían a contratos públicos, extendiéndose la corrupción de las élites como gangrena.

Los expertos dimensionan el impacto que la corrupción tiene sobre la economía entre medio punto y 5 puntos del crecimiento a medio y largo plazo, dependiendo del nivel de corrupción. En España medio punto de merma económica del PIB por corrupción equivale a unos 7.000 millones de euros de actividad económica y entre 15.000 y 20.000 puestos de trabajo. Será superior a estas cantidades si el nivel de corrupción se sitúa en cualquier otro nivel de la horquilla entre medio y cinco puntos.

En 2024, el informe de Transparencia Internacional constata el retroceso en España de los índices de percepción de la Corrupción.

Pero no solo la corrupción es económica, también hay corrupción política que es la que se produce cuando la conducta pública de los que gobiernan es radicalmente opuesta a lo que las normas prescriben, aunque sea tolerada por la sociedad. Si la ética no domina la política, la política domina el derecho. En esos casos, como nos advierte Eloy García, la Constitución fenece en brazos del interés personal de quien gobierna.

El origen de la corrupción está en la confusión entre lo público y lo privado. Y la corrupción es explosiva no solo porque visibiliza la injusticia del capitalismo clientelar, sino también porque de paso arrastra a la propia democracia. La respuesta política de los partidos gobernantes ha sido correlacionarla con las sentencias judiciales en los casos denunciados. Les interesa ignorar que los estándares de integridad pública deben ser más altos que los que fija el código penal. La idea de responsabilidad no se reduce a la comisión de un delito, sino que se eleva a otras exigencias que afectan a conflictos de intereses y cumplimiento de incompatibilidades, ya sean reales o aparentes, que también debieran ser reguladas por normas claras que evite que el comportamiento de los gestores públicos quede amparado por su interpretación subjetiva de lo ético. En este sentido Fernando Jiménez, experto de GRECO (Grupo de Estados

Contra La Corrupción), nos dice: « Hay muchas puertas giratorias que tabicar, luces de transparencias que proyectar, mecanismos de control que diseñar y medidas de rendición de cuentas que aplicar para, en última instancia, neutralizar ese cabildeo que penetra en nuestras administraciones públicas y en los gobiernos, corroyendo su disposición a servir al interés general con objetividad». Incluso, es conocido en los países de democracia avanzada, que en política se puede ser responsable de unos hechos sin ser causantes directos de los mismos. Basta con que esos hechos afecten a tu área de responsabilidad.

Esto es ignorado en la política española donde la tendencia es a protegerse de todo tipo de responsabilidades. Por ejemplo, en España tenemos la desmesurada cantidad de aforados cifrada en doscientos mil.

* * *

Esto era evidente ya a finales de los noventa del siglo XX y principio del siglo XXI, pero mientras vivíamos en pleno auge económico, todo el mundo miraba para otra parte. La esperanza de progresar democráticamente que teníamos durante la transición, se fue perdiendo a partir de finales de los ochenta y España se deslizó por los derroteros del capitalismo clientelar. Hasta que llegó la crisis económica de 2008. Y con la misma, la pérdida de la condición de estabilidad de toda democracia. Y es que el reparto equitativo del crecimiento económico no es sólo una cuestión de justicia distributiva, sino también de estabilidad política.

LAS RESPUESTAS POLÍTICAS A LA CRISIS ECONÓMICA DEL 2008

El creciente malestar que produjo la crisis económica estalló en la gran protesta del 15 de mayo de 2011 al grito de «no nos representan». Y ese malestar cuestionó el sistema bipartidista que alumbró la democracia en su nacimiento.

En ese contexto de debilidad, la Generalitat de Cataluña, gobernada por un partido inmerso en un gran escándalo de corrupción, inicia un proceso de independencia como fórmula para conservar el poder, y en este caso acrecentarlo desde una condición de nuevo estado independiente si no se satisfacía su demanda de concierto económico a la vasca. El intento por el momento ha resultado fallido. Pero dado que las crisis del capitalismo son cíclicas, si estas se producen mientras los nacionalistas son hegemónicos en sus comunidades, el riesgo de nuevos envites independentistas siempre estará ahí. Y un nuevo envite resultará más fácil por que el Estado estará más indefenso toda vez que se ha modificado el código penal para favorecer a los independentistas catalanes y se le está cediendo competencia estatales que le dotan de más capacidad para un nuevo procés.

El independentismo en la población catalana era minoritario y sin embargo los nacionalistas hicieron que un amplio sector de la población se pasase al proyecto de independencia. En el País Vasco los nacionalistas tienen la mayoría absoluta a pesar de que los indicadores que dan cuenta de la población que quiere la independencia son cada vez menores. Pero el riesgo de que ocurra lo mismo que en Cataluña está ahí. Es el riesgo de que utilicen las instituciones autonómicas que son de todos los españoles, son Estado, para sus proyectos de secesión. Esta amenaza estará siempre latente mientras no se les de un encaje privilegiado como quieren ellos.

En esta línea de búsqueda de privilegio está también el PSC, que es un partido independiente del PSOE. También demanda una «financiación singular» como también aprobó la ley de inmersión lingüística. No trascenderá por ello su papel como maquinaria de poder para la captura y reparto de rentas en Cataluña. Y a eso ha conducido el pacto con Esquerra Republicana de Cataluña para la investidura del socialista Salvador Illa, con el que se pretende cambiar el modelo de financiación común por otro basado en el concierto al que atribuyen la singularidad y la bilateralidad.

Esta propuesta según Cándido Méndez, quien fue Secretario General de la UGT, tiende a recuperar el modelo de desarrollo desigual del franquismo. Y añade: «aunque hagan aspavientos para la secesión con España, los independentistas vascos y catalanes saben que hacen un buen negocio integrados en España. Entre Cataluña y País Vasco acumulan más del 28% del déficit de la Seguridad Social, siendo sus pensionistas el 23% del total de España. Este déficit se soporta gracias al resto de la sociedad española. Por tanto, los independentistas tienen todas las ventajas de estar dentro y todas las de estar fuera de España».

No creo difícil percibir que el Estado plurinacional asimétrico que tratan de configurar socialistas y nacionalistas es el vector de fuerza desintegradora más importante que padecemos. El federalismo asimétrico se venía produciendo solapadamente y paso a paso en los acuerdos de los distintos gobiernos centrales con los nacionalistas vascos y catalanes. Hasta que lo asume y lo demanda abiertamente Maragall, y con él los independentistas, para dar un trato desigual a las Comunidades Autónomas, sin justificación constitucional, y además contrario a la naturaleza de un Estado Federal.

Lleva razón Felix Ovejero al calificar a la izquierda de reaccionaria, ya que se ha aferrado a la defensa de las identidades y es esencialmente contraria al debate democrático entendido como ejercicio de la razón pública. La izquierda actual, huérfana de ideología se abraza al identitarismo, en todas sus formas, como herramienta útil electoralmente para acceder al poder. Desde el gobierno, esta izquierda ha asumido la chatarra ideológica que ha creado el nacionalismo, y además se ha rendido ante él, haciéndole entregas materiales (la hacienda pública), legislativas, y competenciales, sin que sepamos aún hasta donde son capaces de llegar. Es la ruta de la desconexión de los independentista, asumida por el PSOE. Está en el *Libro Blanco para la Transición Nacional,* que en 2014 acordaron Ezquerra Republicana y Convergencia i Unión. Ahora está reeditada en el pacto de sumisión de los socialistas a JUNS a cambio de sus 7 votos.

* * *

¿Será España un país de libertades como queríamos durante la transición democrática, o volveremos a las andadas con las verdades absolutas de unos que les hace creer que tienen derecho a imponerlas a todos? ¿Tiene el Estado español capacidades aún para sobreponerse al sabotaje de sus malos gobernantes?

Ya la protesta del 15 de mayo de 2011, evidenció la voluntad de los españoles de cambiar este estado de cosas. No se podía seguir mirando para otro lado, y empezaron a moverse las cosas en España. ¿Pero hacia dónde? Aún está por ver. Será la voluntad de los españoles la que determine la dirección que adoptemos. Desde entonces el bipartidismo perdió la fortaleza que tuvo tras la transición. Y aparecieron dos líneas claramente diferenciadas. Una es reformista, cree que la transición fue un éxito y que lo que hay que hacer es reformar el sistema, buscando la independencia de las instituciones hoy colonizadas por los partidos tradicionales, modificando la legislación electoral, algunas reformas constitucionales, y regenerando la vida política. Es decir, corregir lo que se ha hecho mal, y hacer lo que se ha dejado de hacer durante los últimos 25 años de la democracia española. La otra línea, más radical, es la que impugna la transición, y quiere iniciar un nuevo proceso constituyente. Esta otra línea es la populista que quiere liquidar el régimen del 78 e iniciar un proceso hacia una democracia iliberal. Se diferencia de los autócratas golpistas en que estos asaltan la democracia desde fuera mientras que los populistas actúan en su nombre y la vacían de contenido desde dentro.

Estas dos líneas de acción política han estado representadas en nuevos partidos del arco parlamentario. Los populistas están ahora en el bloque de gobierno. En cambio los reformistas han convivido con los partidos del antiguo bipartidismo sin que hasta ahora hayan tenido capacidad suficiente para inducir una dinámica reformista. Los reformistas se habrían de mover dando estabilidad al mismo tiempo que, pacientemente, exigir reformas. Pero no supieron hacerlo o se alejaron de sus verdaderos objetivos y terminaron por desaparecer en la práctica. Estuvieron encarnados primero en UPyD, que hace 17 años fue el primero en promover la regeneración democrática y demandar una reforma constitucional que eliminara el privilegio del concierto económico vasco, y después en Ciudadanos. Ahora es un vacío político pendiente de cubrir porque hay muchos ciudadanos españoles en esta línea.

A España le cuesta construir terceras vías. Romper el sistema cerrado de partidos existentes resulta extremadamente difícil. Ello se debe a la posición de ventaja competitiva con que cuentan los partidos del sistema, que gozan de subvenciones y manejan medios públicos de comunicación. A lo que hay que añadir los más opacos fondos que recaudan, proveniente de la corrupción, y que suelen obtener en forma de porcentaje sobre la contratación pública. Por estas razones, el sistema de financiación de los partidos políticos es una cuestión a resolver en todo proyecto de regeneración democrática.

Mención especial requiere el caso de Ciudadanos que en las elecciones generales de abril de 2019 obtuvieron 57 escaños que no supieron administrar, dando ocasión a la repetición de elecciones en noviembre de ese mismo año en las que bajaron hasta 10 escaño. Si en abril hubiesen pactado con Pedro Sánchez las reformas que Ciudadanos reclamaba a cambio de mantenerlo en el Gobierno, posiblemente la situación sería bien distinta a lo que estamos viendo hoy. A ese error sucedió otro igualmente grave que fue el formar gobierno de coalición en las autonomías con el PP, y sin solución de continuidad planear mociones de censura para entregárselos al PSOE. Ello le llevo a la desaparición.

A partir de las segundas elecciones de 2019, las de noviembre, Pedro Sánchez inició su andadura con Podemos y los independentistas.

Ante este fracaso muchos piensan que la fragmentación del sistema político en España complicó la gobernabilidad en vez de arreglar nada. Pero la incapacidad de los nuevos partidos para vehicular una salida a los problemas de gobernabilidad no les hace responsable de la dinámica política actual. Dicha responsabilidad sigue correspondiendo a las dos grandes formaciones del bipartidismo puesto que entre ambos aún cuentan con el apoyo mayoritario y amplio de la población española. Enfrascados como están en la lucha de poder mediante la exclusión del adversario, no son capaces de cooperar eficazmente alcanzando acuerdos de Estado. En ausencia de ello la mayor debilidad del bipartidismo les hace aún más dependiente de los nacionalismos del norte, principalmente el catalán que ha tenido a sus dirigentes y cuadros militantes incursos en un proceso penal como consecuencia del golpe de estado de 2017.

En otra línea, los radicales, buscan dar un vuelco a la situación y por ello la estabilidad va en contra de su estrategia. Sin expresar con claridad a donde van, para ellos cuanto peor vayan las cosas mejor para su estrategia. Y ahora, todos junto al PSOE, tienen el poder de dirigir el destino de España. Y como ocurrió en la República española no es posible defender la democracia con unos socios que en el fondo querían superarla. A los independentistas que sostienen el Gobierno de España no les importa la gobernabilidad del Estado, solo les importa afirmar su soberanía frente a él. Y para los otros populistas, socios en el Gobierno, el Estado español debe estar al servicio de naciones preexistentes. Y a esto es lo que llama el ministro Urtasun la mayoría plurinacional. Para unos y otros el proyecto plurinacional pasa por la continuidad de Pedro Sánchez en el poder. Para ellos no hay alternativa posible.

Quien mejor lo ha expresado es Gabriel Tortella quien explica que el apoyo de los nacionalistas y de los populistas se debe a que «estos saben que cualquier alternativa a este gobierno débil y corrupto sería menos proclive a seguir la política asimétrica, desigualitaria, divisiva, destructiva, disolvente e inepta que el presente gobierno, sin programa ni principios, ejecuta al mandato de partidos antisistema».

EL DETERIORO DEMOCRÁTICO SE ACELERA

El éxito del líder de Podemos Pablo Iglesias ha sido la transmutación del PSOE. El PSOE de Pedro Sánchez ya no es el PSOE de Felipe González. Sostienen que la política debe prevalecer sobre la ley sin entender que sin ley no hay democracia. Por esta razón, según los populistas, los jueces carecerían de legitimidad para controlar los actos que adopten las instituciones políticas estatales surgidas de la representación democrática.

En esta línea, trabajan en sustituir la Constitución por la voluntad que quieren expresar día a día en sede parlamentaria. Y a eso se refieren cuando dicen que la soberanía parlamentaria está por encima de la Constitución. Es el desprecio que el gobierno exhibe por las reglas constitucionales, hasta el punto de convertir las reglas de juego democrático en mercancía para obtener el apoyo secesionista. Y es lo que sucede cuando Pedro Sánchez compra su supervivencia política pagando a los separatistas con la impunidad de sus delitos, con la amnistía, y ahora con el concierto económico o la condonación de deuda. A su debilidad parlamentaria se une su debilidad ética que le permite cambiar de opinión tantas veces como sea preciso para mantener su precaria impostura.

Bajo la batuta de los independentistas, el gobierno de España se sostiene, cesión tras cesión, dirigido hacia el cambio del modelo de Estado, convirtiéndolo en confederal y asimétrico en beneficio de los territorios ricos, al mismo tiempo que reduce o elimina la posibilidad de redistribución hacia los más pobres. La quita de la deuda propuesta por los independentistas catalanes y asumida por el PSOE forma parte de ese proceso configurador de la desigualdad en España dependiendo de en qué territorio vives. Por ello, la condonación de deuda, es una operación política que responde a equilibrios de poder más que a principios de eficiencia económica.

El concierto económico que se ha pactado con Cataluña es una forma de darle la llave de la Caja a los independentistas catalanes.

El traspaso de competencia penitenciarias al País Vasco es una forma de darle la llave de las prisiones al mundo de ETA.

Y así, cesión tras cesión, el gobierno continua nutriendo con nuevas armas el arsenal del independentismo, contribuyendo a la creación de estructuras propias de un Estado en esos territorios.

Con la ley de Amnistía se ha acelerado el declive y deterioro de la democracia española que tuvo como precedente los indultos y la eliminación de la sedición del Código Penal. Por eso la Ley de Amnistía forma parte de un proceso destituyente o de mutación de la democracia española hacia un régimen populista iliberal. Y hemos llegado hasta tal punto que, para el Gobierno, que se ve como único jugador limpio, todo el que le es contrario forma parte de una horda fascista, los medios de comunicación críticos son una fábrica de bulos, y los jueces un instrumento corrupto conservador. Todos los gobernantes iliberales se parecen en que quieren neutralizar los contrapoderes del Estado para imponer su voluntad en el ejercicio del poder.

Cuanto más avance el deterioro democrático más difícil será la reconstrucción. Quizás, antes que admitir nuestro fracaso colectivo, todo quede en comprobar el límite de resistencia del sistema que Sánchez a puesto a prueba. Aunque si es así saldremos muy mal parados. Pero aún está por ver si existe un momento límite donde se manifieste en los españoles el espíritu liberal y el sentimiento democrático que recomponga su cohesión como pueblo, para evitar la descomposición, y sostener un régimen liberal y democrático. Y porque toda democracia es imperfecta, e incluso es susceptible de empeorar, la libertad hay que ganarla día a día.

No está demás las reflexiones del filósofo José Luis Pardo que nos dice: «Yerra quien piensa que la arbitrariedad política se manifiesta únicamente como ausencia de ley, los más feroces autoritarismos de la historia reciente se han caracterizado, por el contrario, por una producción normativa exuberante que en su espesura se desdibujan las fronteras entre lo legal y lo ilegal. Y cuando la sangre que se derrama es la de la propia ley, por muy pequeño que sea ese derramamiento, es el Estado mismo el que se desangra».

Pero ocurre que, en España, los partidos políticos que surgen como proyectos de regeneración democrática y reclaman la racionalidad de las políticas públicas no son apoyados suficientemente e incluso son castigados electoralmente como ocurrió con Ciudadanos y con UPyD. Parece, en cambio, que funciona la estrategia de los populistas consistente en vaciar el centro. En cualquier caso, el antisanchismo de la oposición no es alternativa, no es suficiente para alcanzar el poder porque lo necesario es un proyecto reformista.

* * *

En España parece que hemos caído en lo que Bernardo de Quirós califica como política irreflexiva:

> «Nos tomamos la política como un ritual de creyente, votamos a «nuestro» partido (hay que ser crédulo para pensar que un partido nos pertenece de alguna manera) y, a nada que nos descuidemos, acabamos por hacer y pensar las mismas cosas que criticamos con pasión cuando las hacen los contrarios.
>
> La política requiere educación y buenas maneras porque es, por definición, lo contrario de la guerra, es la dedicación a levantar nuestro país para llevarlo a lo más alto y eso no se puede hacer solo con «los nuestros». El patriotismo es comprender esa necesidad y saber que por encima de la animadversión al que discrepa tiene que estar siempre el esfuerzo por lograr un provecho común. Lo peor que puede pasar cuando alguien se empeña en no actuar de tal modo, excluir a los otros, impedir el pluralismo, es que los rivales hagan lo propio, porque, poco a poco, se puede llegar a lo de Venezuela, es cosa de tesón y constancia.»

Es lo que pasa cuando se construye lo que llaman un muro, que es concebido solo y exclusivamente para desautorizar a la oposición e impedir el turno de poder.

El malestar ciudadano descrito durante el bipartidismo, fue aprovechado políticamente por el populismo, y se manifestó en toda su crudeza tras la crisis económica. Y la polarización fue creciendo en partidos que atacando lo ajeno evitaban que se pensase en lo propio. Y lo reclamaba así la vicepresidenta Montero: «Como en el fútbol uno tiene que saber cuál es su camiseta».

Pero es que los partidos políticos son sólo, o deben ser, instrumentos de participación política, y no iglesias de fieles creyentes. Y en consecuencia deben de ser útiles para enfrentarse a un mundo en continuo cambio donde hay que encontrar fórmulas para mejorar el bienestar social, preservar la libertad, y conseguir mayores cotas de igualdad. Los partidos son, en consecuencia, instrumentales y no entidades eternas. Cuando la cultura cívica se daña de esta manera, se traduce en que el votante cree que su voto otorga un mandato para el ejercicio arbitrario del poder. Faltan, pues, ideas y sobran camisetas. Como alguien ha dicho: «para importar el peronismo no hace falta saber inglés».

* * *

Hoy las democracias liberales europeas se ven amenazadas externamente por las dictaduras del Este e internamente por el tribalismo identitario, y estas amenazas ponen en cuestión los ideales de la Ilustración europea. Pero, en el caso de España, internamente las amenazas que hoy acechan a la democracia liberal, posiblemente, provienen más de la extrema izquierda, que está en el gobierno, que de la extrema derecha, que está fuera de él. Aunque en España se nos quiere conducir a lo que Núñez Florencio llama hemiplejia interpretativa, que solo contempla amenazas antidemocráticas en la parte derecha del espectro político.

Hoy, en España, el populismo está encabezado por el presidente del gobierno, quien sabedor de la importancia de la lengua como arma eficaz para conformar la realidad presta toda su atención a la acción propagandística. El neolenguaje que está creando responde a una manipulación sistemática de la opinión pública, que tiene como eje final la simplificación de dos ideas que quiere clavar en la mente de los ciudadanos: el progresismo que procede de todo lo que hace el gobierno, y la ultraderecha, enemiga del progreso y reaccionaria que encarnan PP y VOX. Es voz populi que en la neolengua sanchista, la información es bulo, la mentira es cambio de opinión y el periodismo libre es máquina de fango. Pero sabemos que Sánchez actúa para sobrevivir políticamente. Sin su aparato de propaganda sería imposible su permanencia en el poder.

Hay quien sostiene que el mejor antídoto contra los populistas es dejarles gobernar, y aguantar el deterioro que provocan, para después retomar con firmeza el futuro. A mi me parece que es un riesgo excesivo. Si esto es verdad, ya los tenemos en el gobierno. Estaríamos en el momento político.

* * *

La compra de la investidura como han hecho Pedro Sánchez y Salvador Illa rompe el modelo constitucional de 1978. Si hay que definir el sanchismo habría que afirmar que ante todo es la negación de la alternancia en el desarrollo democrático español. Para llegar a Maduro sólo le queda neutralizar a los jueces que se atrevan a hacerle frente y organizar algún tipo de fraude electoral.

El exministro socialista Virgilio Zapatero ha calificado de fraude democrático la toma de decisiones de Pedro Sánchez para formar mayoría en el Congreso de los Diputados y en la Generalitat de Cataluña puesto que «afectando a la estabilidad del sistema constitucional se adoptan sin formar parte del programa de gobierno ni del programa electoral».

Por eso Manuel Aragón dice que «los problemas constitucionales que tenemos no se deben tanto a las carencias de la Constitución como a su inaplicación o falseamiento».

EL ASALTO AL ÚLTIMO BASTIÓN

La batalla que libra ahora el populismo en el gobierno, entorno al poder judicial, deriva de la concepción que estos tienen del carácter instrumental de la justicia al servicio de la política. Desde 2024 está en su recta final. Se pretende dar el tiro de gracia a la independencia judicial.

Los populistas contraponen democracia a Estado de Derecho porque postulan que la voluntad política prevalece sobre las normas jurídicas. En consecuencia desprecian los controles jurisdiccionales del poder, impugnan la independencia judicial y sitúan al pueblo por encima de la ley.

En 1985, Felipe González, en el gobierno, cambió la ley que regulaba el acceso al Consejo General del Poder Judicial. La elección de los jueces cambiaría eliminando los 12 que elegían los propios jueces. En lo sucesivo serían todos designados por el Parlamento. Mientras PSOE y PP se repartían los vocales a nombrar, el Parlamento se limitaba a ratificar.

La negociación era entre partidos al margen del Parlamento. Era un reparto de la última trinchera del Orden democrático español. El artículo 122 de la Constitución y el 568 de la Ley Orgánica de Poder Judicial era un formalismo a cumplir en apariencia. Pero el pacto de reparto entre ambos, en el año 2018, saltó por los aires cuando un diputado del PP mandó un mensaje a los suyos para tranquilizarlos desvelando que su partido controlaría la sala de lo penal por la puerta de atrás.

Desde entonces toda renovación en el Consejo del Poder Judicial ha estado en un forcejeo entre PSOE y PP sin que el Parlamento, que es quien tiene atribuida las competencias, haya tomado iniciativa alguna hasta que, nuevamente en 2024, tuvieron ultimado un acuerdo previo llevado a cabo entre bastidores. Un acuerdo que sigue los mismos vicios que en el pasado. Y está por ver si será posible una modificación del sistema de elección de los jueces que permita asegurar la independencia del Poder Judicial.

Para llegar aquí, los ataques que ha sufrido el poder judicial, incluso desde el gobierno, han sido innumerables. Desde acusación de lawfare y creación de una comisión de investigación, hasta amenazas de sustraerle potestad para el nombramiento de altos cargos de la judicatura, la aprobación de la ley de amnistía, y acusaciones de ultraderechistas a los jueces.

Y finalmente el manejo de la fiscalía afirmado por el propio Pedro Sánchez: «ya sabemos de quien depende la fiscalía» dijo en un programa de televisión. Un Ministerio Fiscal cuya crisis aumenta de intensidad ante la modificación legal que propone el gobierno queriendo reservar para este la aplicación del principio acusativo, suprimiendo la atribución que tiene la ciudadanía de la función publica de acusar. Modificación que se percibe para favorecer los casos del hermano y la mujer del Presidente. Y ya sabemos que la acción popular es un derecho fundamental y constitucional (art. 125 de la Constitución). Si la acusación popular se elimina con el pretexto de que se utiliza para alterar el equilibrio político debería paralelamente desaparecer los aforamientos que existen precisamente para proteger dicho equilibrio.

En definitiva, Pedro Sánchez intenta colonizar la administración de justicia para que sus decisiones políticas sean sancionadas sin obstáculos, y para que sea ciega a la corrupción que le rodea.

La Unión Europea viene reclamando a España, en los informes que sobre el Estado de derecho realiza, que cambie la regulación que existe sobre nombramiento del Fiscal General del Estado para que no corresponda al Gobierno y alcance la necesaria imagen de autonomía. Y sugiere que se haga por tres quintas partes del parlamento. Esto comporta la modificación del artículo 124.4 de la Constitución española que es donde, ahora, se establece esta competencia del Gobierno. Recientemente esto es más evidente, toda vez que el Tribunal Supremo ha abierto causa contra el Fiscal General del Estado por presunta revelación de secretos, que se ha producido en una batalla política del PSOE contra su adversario. Por primera vez en la historia es imputado el Fiscal General que es nombrado por el Presidente del Gobierno, y se abre una crisis reputacional de la institución de enorme trascendencia.

La ley de Amnistía es un ejemplo más, quizás el más grave, del vicio político consistente en afirmar que la voluntad del legislador emana del Parlamento sin tener en cuenta la Constitución. Y por ello la ley fue aprobada sin el respaldo de informes técnicos y en contra de las recomendaciones de la Comisión de Venecia. Pero aún tiene que desplegar toda su acción el último bastión: la justicia. Sobre la ley de amnistía llevan razón los que dicen que es el mayor acto de corrupción política de nuestra historia democrática al comprarse el poder borrando los delitos de otros políticos.

Paralelamente el Tribunal Constitucional, órgano político, independiente del poder judicial, que sólo tiene competencias de garantías, está siendo utilizado como un tribunal más de casación. En este sentido se están produciendo ya la anulación de las condenas de malversación del caso de los ERE en Andalucía, por estimar que carecen de todo soporte constitucional. Y ello a pesar que en la sentencia del Supremo que los condenó hubo dos votos particulares y ninguno de ellos pusieron en duda la existencia de prevaricación.

El catedrático de derecho penal Enrique Gimbernat dice que la afirmación del Tribunal Constitucional de que la condena de Griñán por malversación vulnera su derecho a la legalidad penal carece de base. Y que es falsa la tesis de ese tribunal cuando dice que «una ley aprobada por el Parlamento andaluz, independientemente de su contenido, y sea el que sea el juicio que le merezca no es susceptible de ser fiscalizada por la jurisdicción penal, por lo que los jueces tienen el deber de respetarla y solo cuando consideren que es inconstitucional su contenido deben plantear la cuestión de inconstitucionalidad». Esta tesis, según Gimbernat, parece partir de la base de que los diputados, independientemente del contenido de las leyes que aprueben, estarían cubiertos por una circunstancia que le exime de responsabilidad criminal. Pero la inviolabilidad de los parlamentarios no les cubre cuando votan leyes delictivas. Es lo que sucedería, pone como ejemplo, si se aprobara una ley que regulara la esclavitud.

Las sentencias del Tribunal Constitucional confirman el daño que se deriva de su colonización partidista. Y lo que es peor va camino de erigirse en el poder constituyente de la Constitución en una interpretación ilimitada que termina por degenerar el derecho.

Eloy García nos alerta de ello explicando que «la mutación constitucional es un modo de cambio constitucional que afecta al significado de las palabras que contienen las normas, y que se diferencia de la reforma en que la letra de la Constitución no resulta formalmente alterada porque solo se modifica el sentido de las palabras que formalmente quedan como estaban» . Y pone como ejemplos el modelo territorial del Estado que va camino de ser confederal, el régimen político que de parlamentario se ha convertido en Estado de Partidos, o la posición del Presidente del Gobierno que de líder de Gabinete ha pasado a ser su dominador.

Teresa Freixes denominándola «estrategia de la araña» nos dice que una mutación constitucional se produce cuando tergiversando el sentido de las instituciones jurídicas, de las normas jurídicas, se pretende cambiar el resultado de lo que la Constitución podría producir. Y eso sin necesidad de cambiar formalmente la Constitución, sino que se utilizan los procedimientos espurios que estamos viendo ya en el caso español.

Los populistas enarbolan la soberanía del Parlamento, desconociendo sus límites constitucionales, para decidir ellos libremente y conducir a la quiebra del sistema que nos hemos dados. Y en razón de ello atacan continuamente a los jueces. No les interesa entender que el Parlamento está sujeto también a la ley y que la soberanía está en la Nación y no en el Parlamento. Como nos dice el catedrático emérito de Derecho Constitucional Manuel Aragón: «La voluntad política no puede operar fuera o por encima de la razón jurídica, que no es otra, en nuestro sistema, que la razón constitucional. Una razón que hoy se está abandonando en muchas ocasiones, como lo prueba la práctica desaparición del control parlamentario, la tendencia a la colonización partidista de instituciones que, por principio, deberían ser independientes, la extrema polarización de la vida pública, con la consiguiente conversión del adversario político en enemigo al que hay que destruir o, al menos, expulsar del sistema, los ataques a los jueces y a la prensa, o en fin, la utilización de cualquier medio, por muy reprochable que sea para conseguir el poder o conservarlo.»

Los jueces estorban a la hora de saltarse el modelo Constitucional y por eso los populistas les atacan. Arias

Maldonado señala que socavar la legitimidad de los jueces, así como la de la prensa, como hace Pedro Sánchez le iguala a Donald Trump.

Sorprende la actitud contemporizadora de la Unión Europea ante la deriva española que solo se ha limitado a mediar entre los dos partidos españoles mayoritarios, a diferencia de otras intervenciones en otros países europeos. Y mecanismos tiene tanto en el plano jurídico como en el plano político. Le faculta el artículo 7 del tratado de la UE.

En el plano político, puede suspender el derecho de voto de un Estado miembro en el Consejo, aunque esto requiere la unanimidad del resto de Estados. Y ello es así por la vulneración sistemática de los valores de la UE.

En el plano jurídico la Comisión puede iniciar un procedimiento de infracción ante el Tribunal de Justicia de la UE contra un Estado miembro por incumplimiento del derecho de la UE. Sabido es que la Comisión emite todos los años un Informe sobre el Estado de derecho de cada uno de los estados miembros, y a continuación se abre un diálogo entre las instituciones europeas con cada país.

Sobre España ese Informe propuso renovar los vocales del Consejo General del Poder Judicial urgentemente, reformar el nombramiento de los vocales para cumplir los estándares europeos, y fortalecer el estatuto del fiscal para asegurar la independencia y la autonomía de la fiscalía.

* * *

En la actualidad, el gobierno, ante la imposibilidad de avanzar más en sus pretensiones, de momento, por vía del control del Tribunal Constitucional, quiere doblegar a los tribunales de justicia. El Tribunal Constitucional es un órgano político que no forma parte del poder judicial. Pero lo han convertido en un Tribunal de casación que modifica sentencias de los tribunales de justicia como han hecho con las sentencias de los casos de los ERE en Andalucía. En un Tribunal de casación VIP para las elite socialistas. Por esta razón, recientemente, la sala de lo Penal del Tribunal Supremo ha señalado que el Tribunal Constitucional no tiene carta blanca para desbordar la legalidad y extralimitarse en sus funciones.

A pesar de todo, la gran mayoría de los jueces en España se muestran independientes del poder político. Particularmente es destacable la resolución del Tribunal Supremo contra la ley de amnistía que ya forma parte de la defensa democrática de la nación. Le ha planteado al Tribunal Constitucional una cuestión de inconstitucionalidad de la ley de amnistía. No es que le someta a consulta una duda, sino que argumenta la clara convicción de la inconstitucionalidad de esa ley porque la misma entra en colisión con los derechos fundamentales de igualdad ante la ley y de seguridad. La ley de amnistía ofrece un tratamiento diferenciado en función de la ideología de quienes delinquen. Se priva a los españoles de un bien democrático como es la igualdad ante la ley.

Como en la Constitución están las murallas que protegen la igualdad y la solidaridad, además de la libertad, son estas murallas las que los populistas y nacionalistas quieren derribar de una u otra forma. Para ello necesitan el Tribunal Constitucional. Pero Teresa Freixes nos ha enseñado que la jurisprudencia de la Justicia Europea mantiene el criterio de que un órgano jurisdiccional nacional no está obligado a aplicar una resolución de su Tribunal Constitucional si infringe el derecho de la Unión. Aunque limitada, toda una esperanza para los españoles.

Si el Estado de derecho español sobrevive al intenso proceso de deterioro que sufre en esta etapa crítica, se deberá a que los tribunales de justicia lo están frenando, pero no a la acción de nuestros representantes parlamentarios que parecen incapaces de ello.

Cuando el Poder Judicial se percibe como última trinchera para que se produzca responsabilidad política, nos damos cuenta que no vivimos en una democracia sana donde se asume de forma natural dicha responsabilidad política y creemos que tiene que ser inducida por procedimientos judiciales. Esto rebela que no existe en nuestro país, como existe en las democracias avanzadas, los estándares democráticos y éticos para que se depuren dichas responsabilidades políticas. Ya sean responsabilidades directas o indirectas por existir culpa «in eligiendo o in vigilando». La responsabilidad se ignora recurriendo al «y tu más».

LAS REPERCUSIONES ECONÓMICAS DEL DETERIORO POLÍTICO

A compás de la expansión de los partidos políticos en la ocupación de las instituciones nuestro país ha crecido en número de funcionarios y de liberados políticos y sindicales que nos convierte en un país altamente funcionarizado. Tenemos un Estado gigantesco y carecemos de gobierno, titula el periodista Jorge Vilches.

El gasto público creado se resiste a la baja y acaba exigiendo incrementos de la presión tributaria que deterioran la capacidad competitiva de la economía y la renta disponible de la población. En 1980 el gasto público primario (no incluye los intereses de la deuda) equivalía al 29,3% del PIB. Ahora estamos rondando el 44% del PIB. Cuanto menos refleja pérdida de eficiencia del Estado del Bienestar.

Para financiar el gasto están los impuestos y el recurso a la deuda pública. En 1980 el conjunto de las administraciones públicas recaudaba en impuestos el equivalente al 25,7% del PIB. Ahora ese porcentaje ha pasado al 38,1% del PIB. Denota pues un crecimiento importante en la presión fiscal sobre los españoles. Al mismo tiempo la Deuda Pública pasó del 10,2% del equivalente del PIB en 1980 a 107% en el que estamos ahora. Se ha multiplicado por diez la deuda. En 2024, todos los intereses de la deuda pública se pagaron con más deuda pública. Esto ha sido posible porque el Banco Central Europeo, durante 6 años, mantuvo los tipos de interés al 0%. Lo que hacia posible que se financiaran gratis los gobiernos derrochadores. Al mismo tiempo que la Unión Europea suspendió las reglas fiscales permitiendo que el gasto público se desbordara.

El endeudamiento público ha dejado a España con escaso margen de maniobra para hacer frente a futuras crisis. Pero ¿es posible en España añadir una crisis fiscal y financiera a las que ya hemos padecido, la última energética? La mayoría de los economistas piensan que la próxima crisis será fiscal, pero el gobierno populista pasa de ello y deciden que el que venga detrás cargue con el problema. Problema que no es del gobierno, que es de todos los españoles. El gobierno de coalición populista más bien cree que todo se puede arreglar con más gasto público, así que piensan que pueden hacer un uso ilimitado de la política fiscal que solo estaría sujeto a la voluntad política.

La situación de desequilibrio actual de las cuentas públicas nos hace vulnerables ante la posibilidad de una recesión en el momento que Europa restablezca las reglas fiscales. Ahora se vuelve a retrasar su implementación, para que todos sus miembros puedan hacer el esfuerzo financiero que la OTAN exige en defensa. Hasta ahora el respaldo europeo nos ha permitido transitar las crisis sucesivas, pandémica y energética, con relativa comodidad por la situación de emergencia en la que hemos vivido. Pero serán los ciudadanos los que sufrirán las consecuencias el día que no se pueda refinanciar la deuda pública. No existe costo político para los que gobiernan amparados en el déficit fiscal.

Kenneth Rogoff nos advierte que «el uso de la deuda es una herramienta importante de las economías modernas, pero nunca es una opción libre de riesgos para los gobiernos; por eso las deudas deben contraerse y gestionarse con prudencia, incluso cuando el costo de endeudamiento predominantemente es mínimo».

España tiene pues una posición fiscal muy frágil, agravada con un discurso populista que hace muy difícil la consolidación fiscal. Y es que la fragmentación política, con los populistas en el gobierno, impide adoptar medidas costosas políticamente en el corto plazo. Y la necesidad de un impulso reformista tendrá que ser pospuesta por ello a la formación futura de un gobierno que la haga posible.

En España la desigualdad intergeneracional sigue creciendo, y también empeora su posición relativa en la UE en los niveles de pobreza. Ya estamos en tercer lugar detrás de Rumanía y Bulgaria. Se explica, no solo por sus altos niveles de desempleo y subempleo, sino también por sus políticas sociales mal enfocadas o inexistentes. Los altos niveles de pobreza relativa son el resumen de unas políticas que no han atacado algunos de los problemas estructurales de la economía española. Ello se debe a la paradoja de que quienes gobiernan hacen proclamas políticas pero no quieren asumir los costes de implementarlas.

En economía las soluciones a las crisis implican costes y sacrificios a corto plazo, mientras que los beneficios no se alcanzan hasta el medio plazo. Y ya sabemos que, en la democracia, los políticos quieren volver a ser reelegidos. Y nadie quiere hacer el sacrificio de tomar medidas a corto cuyos beneficios van a verse en el futuro, cuando ellos ya no están en el poder. La preocupación del gobernante es dormir una noche más en el Palacio de la Moncloa.

En España lo que realmente importa, productividad y desigualdad, no se aborda con políticas basadas en la evidencia. Y lo que impera es la propaganda gubernamental que justifica lo que hace. Para este Gobierno los presupuestos son instrumentos para perpetuarse en el poder, no es una expresión máxima de política económica, es un relato más con el que sostener su base electoral.

Nuestro desarrollo económico ha estado tradicionalmente lastrado por los privilegios, las reglamentaciones y los proteccionismos de muchos que querían preservar su cómodo estatus. Y ahora los partidos parecen ocuparse cada vez menos del interés general, cuando están en el gobierno, y distribuyen de manera clientelista los recursos de la Hacienda Pública.

Así que, entre las fallas principales de la economía española, no solo está la productividad y las cuentas públicas, sino también la fragmentación política con los populistas en el gobierno que impide implementar consesuadamente un plan de reformas económicas necesario y urgente en el contexto actual.

La falta de crecimiento de la productividad en España, más acentuada en Andalucía, es la causa que impide la convergencia en el nivel de renta con los países del norte de Europa. Sólo el crecimiento de la productividad puede permitir una mejora sostenida en el largo plazo de la renta per cápita.

Lo que parece evidente es que el Gobierno ha aumentado la vulnerabilidad de la economía española y no se atisba cambio de rumbo. El resultado de su progresismo es un estatismo sin fin y una gobernanza sin principios. Y en su labor propagandística les lleva a adoptar medidas que no guardan coherencia con las reformas que se necesitan. Así es un contrasentido plantear reducir la jornada laboral en un país cuya productividad y riqueza per cápita no hace más que caer. O la reforma del sistema de pensiones ideada por José Luis Escribá que condena al sistema a un creciente déficit que sólo puede financiarse aumentando los impuestos que pagan los trabajadores y mermando los recursos públicos tales como los de sanidad, la educación, el empleo o la vivienda pública. En 2024, el déficit de las administraciones públicas en España ha terminado entorno al 3% del PIB; y el déficit del sistema de pensiones en el 4,17% del PIB. Ello pone en evidencia que, sin el déficit de las pensiones, el conjunto de las administraciones públicas tendría superávit ese año. Desde 2010, año que entró en déficit el sistema de pensiones, el déficit contributivo no ha hecho más que crecer. El economista Jesús Fernández Villaverde, nos advierte que el gran reto de España es como hacer frente al problema de las pensiones, con el sistema de reparto que tenemos y una población envejecida.

Estamos en horas de desgobierno. La existencia de un gobierno presupone un cierto grado de homogeneidad ideológica, táctica y estratégica y que sus políticas no sean absolutamente contrapuestas. Pedro Sánchez no puede gobernar con la mezcolanza de grupos tan variopintos que en cada votación le chantajean con algo que demandan. Durar en el gobierno a cualquier precio no es gobernar. Tampoco quiere convocar elecciones porque no puede superar al PP en las urnas. Por consiguiente, permanecer en el gobierno hasta el final de la legislatura es la opción elegida por él mientras vampiriza el voto de sus socios populistas. Y por ello adopta y se atribuye sus políticas, para que al final el trasvase de votos esperado les de capacidad de amortiguación a la crisis que se vislumbra del socialismo en España.

EL PROBLEMA TERRITORIAL DE LA DEMOCRACIA ESPAÑOLA

La Constitución dejó el Estado Autonómico inacabado y por ello la financiación autonómica también pendiente de culminar. No contiene un sistema cerrado de distribución de competencias Estado-Comunidades Autónomas y tampoco un modelo concreto de financiación. Los partidos mayoritarios del arco parlamentario no tuvieron iniciativas tendentes a resolver este problema y fueron a remolque de lo que exigían los nacionalistas para conseguir su apoyo.

Los Estatutos de Autonomía, que son leyes orgánicas, serian los llamados a establecer el reparto competencial. Por esta razón se puede alterar dicho reparto sin necesidad de reforma constitucional. La Autonomía era entendida como un derecho y no como un principio estructural del Estado.

El problema se agravó cuando se introdujo el artículo 150.2 de la Constitución, que permite que se deleguen competencias del Estado a las Comunidades. Se atribuye este artículo a la exigencia de los nacionalistas catalanes. Alfonso Guerra, en sus memorias, dice que se opuso inicialmente porque significaba que el proceso constituyente quedaba abierto permanentemente. Pero que después le aseguraron que nunca se iba a utilizar. La realidad ha sido muy diferente.

España fue practicando un «federalismo de centrifugación», como lo califica Teresa Fleixes, caracterizado por una cesión de competencias de los órganos centrales a los órganos autonómicos, sin que se establecieran mecanismos constitucionales suficientes, los órganos de colaboración y coordinación entre los distintos niveles competenciales, que resultan básicos en los sistemas fuertemente descentralizados.

Y principalmente, el dinero ha sido el banderín de enganche social del soberanismo. Por eso ha ido poniendo precio a sus apoyos parlamentarios. Estos han culminado en la última propuesta de concierto económico para Cataluña, dada la extrema debilidad del presidente de Gobierno y las exigencias también de su partido hermano el PSC.

Está más que demostrado que el «España nos roba» que han utilizado los catalanes como eslogan de combate en el procés, es un mensaje propagandista falso que responde al victimismo que siempre han empleado. El problema financiero de Cataluña responde exclusivamente a la degradación institucional provocada por la élite política del independentismo entre la que se encuentra el PSC. Si Cataluña tiene un problema fiscal se debe al proyecto de construcción nacional para el que han creado un gigantesco aparato burocrático con generosas rentas a sus servidores. Tienen más del doble de entes públicos que Madrid, más de 360 altos cargos que Madrid. Tienen un creciente número de embajadas, una megacadena de televisión, una Mini-Nasa, su política de inmersión lingüística, todos sus cargos retribuidos con sueldos superiores a todas las administraciones de España, incluyendo al Gobierno Central.

Ya hemos advertido que el problema más grave de España desde la Constitución del 1978 es el nacionalismo secesionista. Por eso puede que lleven razón quienes dicen que vivimos envenenados por el anisakis excluyente del independentismo. Nada más claro que las palabras del concejal socialista de Galdakao (Vizcaya), Victor Trimiño, cuando nos advierte que «los nacionalistas plantean la nación como fuente de derechos, arrinconando el concepto de ciudadanía, y plantean la división de España en territorios de diferentes categorías, soslayando el valor de la igualdad.» Los nacionalistas piensan en una nación homogénea diluyendo la diversidad interna en su territorio.

Visto el papel de los nacionalistas catalanes en la historia de España, sorprende cuanto menos que alguien se trague lo del seny catalán. No hay mejores palabras que las de Escohotado para entender la naturaleza de toda virtud fraudulenta. Porque lo que siempre han demostrado ser es supremacistas. Dice el filósofo que «el supremacismo es una agresión miserable, sostenida habitualmente por un complejo de inferioridad proyectado como autoimportancia». El victimismo que han exhibido los nacionalistas catalanes ha sido la cubierta ideológica a sus exigencias. Creo que conviene recordar, por lo actual, las palabras de Manuel Álvarez Tardío, profesor de historia, cuando dice que «el catalanismo no fue nunca un proyecto de modernización y democratización para una nueva España, sino una coartada en una competición entre elites por el poder».

* * *

Ortega y Gasset nos dijo que el problema de Cataluña no tenía solución y había que conllevarlo. En idéntico sentido, hoy hay que oír las recomendaciones del intelectual y político canadiense Michael Ignatieff que en una entrevista decía: «mi recomendación, tanto respecto de Cataluña como del País Vasco, es que España acepte, igual que Canadá lo ha hecho, que la reivindicación de estos no va a agotarse nunca. Váyanse acostumbrando a coexistir con la insatisfacción de los nacionalistas.»

Pero acostumbrarse a coexistir no significa aceptar la dinámica de desigualdad que quieren crear en el Estado. Es por ello que hay que cerrar un marco institucional que impida la tentación de los partidos sistémicos, para mantenerse en el poder cuando son débiles como resultado de la cambiante correlación de fuerza a nivel del Estado, de pactar con ellos los privilegios que demandan en detrimento de los demás. Como también habría que corregir la sobrerrepresentación parlamentaria que tienen los nacionalistas debido a la ley electoral.

* * *

También en Andalucía se había instalado en su día un debate sobre la consideración de ésta como región o nacionalidad. Pero después de la Constitución del 78 no tenía sentido esa discusión teórica o terminológica. Para el Andalucismo era un posicionamiento jurídico y político ya que la Constitución distingue entre regiones y nacionalidades, y Andalucía quería una autonomía de primera en pie de igualdad con vascos y catalanes. El problema es que los nacionalistas vascos y catalanes no solo reivindican derechos para ellos sino también que los demás no los tengan.

Hoy en día, el reconocimiento de la identidad propia está instalado en todas las regiones o comunidades autónomas españolas, pero falta una percepción de la identidad española que propicie un sentimiento de solidaridad con los conciudadanos de todas las partes de España. Lo que parece que se hace cada vez más fuerte es el egoísmo que empuja a la diferenciación entre los demás españoles. Ello propicia la estafa identitaria que sobre todo se percibe en los lugares donde se practica la exclusión y la discriminación como en Cataluña y el País Vasco.

Cuando observamos la Unión Europea y el creciente proceso de cesión de soberanía que han de realizar los Estados para poder funcionar en común, parecería ir a contracorriente la dinámica descentralizadora que se desarrolla en el proceso autonómico español, aparentemente inacabado. Si la Europa contemporánea se caracteriza por la desintegración de las identidades y sentimientos nacionales, la España contemporánea se caracteriza por lo contrario con desdén a los valores cívicos de lo común.

Lejos de la leyenda del seny catalán, el comportamiento de los líderes catalanes siempre ha sido demandar protección a sus mercados por miedo a la competencia, y exigir privilegios del poder establecido. Y esto, nuevamente, es lo que vemos en la actualidad. El historiador Álvarez Tardío nos impele a esta consideración cuando nos dice que «el remedio empieza por tomar conciencia de que el catalanismo, como el resto de nuestros nacionalismos, no se alimenta de una España reaccionaria y centralista que ahogue el derecho a la diferencia, sino del miedo a una sociedad cada vez más abierta y competitiva».

Gerard Brenan, a propósito de la pérdida de Cuba, sostenía que la independencia cubana impulsó a los empresarios catalanes al nacionalismo. Motivados por los cuantiosos intereses que allí tenían, en vez de reconocer el error que cometieron al oponerse a la autonomía de Cuba, contribuyeron así al desastre.

* * *

Siempre creí que la amenaza de independencia de catalanes o vascos era un ardid para obtener ventajas y privilegios. Me parecía increíble que pudieran renunciar al mercado español, que precisamente ha sido siempre protegido para sus intereses. Además, parecen ignorar que una consecuencia visible tras su independencia sería encontrarse con una deuda insostenible, además de verse obligados a pagar los altos déficits que en sus territorios generan las pensiones. También parece claro que no podrían asumir los perjuicios que les causaría la expulsión de la Unión Europea. Aún así, han jugado fuerte con el fracasado golpe de Estado desde la Generalitat, y ahora tratan de evitar las consecuencias con la ayuda del gobierno socialista de Pedro Sánchez. Pero siguen planteando obtener una situación de privilegio centrada en la financiación autonómica con criterios contrarios a la cohesión territorial de España que es lo que realmente les importa. Han aprendido en el fracasado intento golpista que necesitaban dos elementos fundamentales: el dinero y el reconocimiento internacional. Y ahora recomponen su estrategia empezando por la financiación autonómica. Es la vuelta a la casilla de origen en 2017. Y el independentismo derrotado en 2017 ha sido recuperado hoy por el Presidente del Gobierno de España. En 2017, el gobierno de entonces presidido por Mariano Rajoy, al aplicar el artículo 155 de la Constitución, paró el golpe, pero se mostró incapaz para desmantelar el andamiaje separatista de la Generalitat hoy restituido por el PSOE.

Parecía que los nacionalistas tenían más éxito cuando avanzaban gradualmente obteniendo ventajas en los apoyos al gobierno central, y con el golpe parece que se habían metido en un callejón sin salida al convencer a los ciudadanos catalanes de las bondades de la independencia. Algo que ni les interesa ni quieren verdaderamente sus líderes políticos y sociales.

Quien mejor ha expresado esta realidad es Fernando Savater referida al País Vasco cuando nos dice que «no tratan de que Euskadi salga de España, sino lograr que España salga de Euskadi». Porque como dice Antonio Elorza, «la meta es una independencia de facto subvencionada». Los residentes en el País Vasco y Navarra cobran en vez de pagar por los servicios que les presta el Estado.

Y lo mismo se podrá decir de Cataluña que pedían un concierto a la vasca, antes de amenazar primero y conducir después a la población, al callejón sin salida en el que se metieron. Y es que como dice Benito Arruñaga, el procés catalán no era en realidad una apuesta por la independencia sino una apuesta por la desigualdad supremacista. Una independencia de facto, no formal, que le permita parasitar al Estado español y que sea financiada por el mismo. Es decir, la independencia sin los costes de la independencia, sobrefinanciada por el Estado.

Las organizaciones empresariales de Cataluña, menos histriónicas y más pragmáticas que sus organizaciones políticas, todas de acuerdo, quieren un modelo de financiación que acabe con el déficit fiscal que evalúan, interesadamente, computando la diferencia entre lo que recauda el Estado y lo que recibe la Generalitat como ingresos. Esto implica desentenderse de la cohesión y convergencia interna en España.

Y las vías que ofrecen van desde que todo lo que se recaude en Cataluña sea administrado por la Generalitat, lo que supondría sacar a Cataluña de la cesta común, a una reforma del sistema de financiación autonómico con mayor participación de las comunidades en los impuestos. Esta última vía general para todas las comunidades la hacían conscientes de que ellos son los que más recaudan, aunque finalmente, es la primera, la del concierto económico, la que ha salido adelante por ahora. Todas estas opciones van en la dirección de mayores ingresos para ellos y menos ingresos para el resto de las comunidades. Lo que buscan con la singularidad financiera catalana, como le denominan ahora, es una España a dos velocidades renunciando al principio de igualdad. Esto tendría incidencia, no solamente en la equidad, sino también en el equilibrio financiero del conjunto del Estado afectando negativamente a los servicios públicos básicos del mismo como la educación y la sanidad ya que los ingresos del Estado tendrían un descenso significativo.

Es sorprendente que Salvador Illa, socialista, al reclamar que los que más aportan sean también los que más reciben, nos diga que no es un asunto de privilegio sino de equidad. Lo cual es un planteamiento reaccionario que elimina la función redistributiva del Estado, y le priva de los recursos necesarios para ejercer sus funciones esenciales y propiciar la cohesión social y territorial, y además es contrario a la política de cohesión de la Unión Europea. Al igual que los otros nacionalistas, deliberadamente ignoran la verdadera contribución de los españoles al fisco. Por ejemplo, el IVA que recaudan las empresas catalanas en Cataluña, provienen en gran parte del consumo en el resto de España. Y el Impuesto de Sociedades de las empresas catalanas es resultado de unos rendimientos que obtienen en gran medida en el mercado español, sin que exista ninguna restricción al respecto. Así que el origen territorial de la recaudación de estos impuestos es casi prácticamente imposible de medir. Pero aún sabiendo esto que Josep Borrell resumió en su libro *Las cuentas y los cuentos del independentismo* emplean sin escrúpulos la mentira del «España nos roba» para movilizar a los catalanes.

En el desarrollo democrático español la articulación de los distintos pueblos de España ha constituido un rompecabezas que ha desembocado en la incertidumbre del momento presente en 2024. Como si no fuésemos capaces de hacer posible la unidad respetando la diversidad existente. No se quieren enterar de la advertencia de Felipe González que les dice que el derecho a la diferencia no puede afectar a la igualdad de derechos.

De tal manera que el nuevo espacio de convergencia creado en torno al PSOE con los independentistas y antisistema va camino de ser confederal. El resultado de esta mutación confederal es la «desigualdad» de los españoles dando satisfacción a los egoísmos de algunos. Es este el problema que subyace en el diseño de la organización territorial del Estado. Y este diseño territorial tiene su origen en la Constitución. Pero en Andalucía mediante la movilización política y popular no sólo se reivindicó el derecho al autogobierno sino también la necesidad de construir un modelo de Estado de la Autonomías de carácter simétrico, esto es, en igualdad de condiciones y reconocimientos para la totalidad de los territorios y regiones del Estado. Por tanto, lo que Andalucía debe reivindicar es un cierre federalista de la estructura territorial del Estado. Y está por ver, si otra vez sería capaz de movilizarse en defensa de la igualdad formal conquistada.

ANDALUCÍA EN LA ORGANIZACIÓN TERRITORIAL DEL ESTADO

La Constitución estableció dos tipos de autonomías. Las llamadas históricas con acceso directo y sustancia política. Y las del resto diseñadas como mera descentralización administrativa; las que accedían por el artículo 143 de la Constitución. Como esta desigualdad de trato era impresentable para estas últimas, se les habilitó la posibilidad de acceder al primer nivel si querían hacerlo. Pero tenían que hacerlo según el artículo 151 de la Constitución, que establecía tales niveles de obstáculos que en la práctica parecía imposible superar por nadie. Un político del Partido Andalucista, Miguel Ángel Arredonda, escribió en *El País* en aquellos días un valiente artículo de opinión calificando este artículo 151 de la Constitución como «monumento a la discriminación constitucional».

En esas fechas el PSOE con Rafael Escudero ya había asumido hasta cierto punto el Andalucismo. Después de las elecciones Generales de 1979, donde el PA obtuvo cinco diputados, se encendieron para ellos las señales de alarma. Esas elecciones se celebraron el 1 de marzo de dicho año.

Muestra de esa alarma quiero contar los siguientes hechos. Entonces era yo secretario provincial de Málaga. Estaban tan preocupados por el éxito del Partido

Andalucista en las elecciones generales de Marzo del 1979, donde sin esfuerzo financiero del partido obtuvo un diputado, que en las siguientes elecciones municipales que se celebraron un mes después, el 3 de Abril, recurrieron a una campaña sucia y mafiosa sobre el candidato del Partido Andalucista a la Alcaldía de Málaga.

En Málaga existen unas organizaciones sociales, club sociales o comunidades de vecinos malagueños que son muy numerosas y representativas en la ciudad, llamadas Peñas. Habíamos llegado a un acuerdo con la Agrupación de Peñas de la ciudad para incluir en la cabecera de la lista electoral un hombre del Partido Andalucista que también era socio de una de las Peñas, además de algunos otros miembros de diferentes Peñas en diferentes posiciones dentro de la lista. Esto daba al Partido Andalucista una fuerza mayor de la que tenía, y visto el resultado exitoso de las generales, a escasos días de las municipales, decidieron ponerle freno con la emisión de un panfleto ensuciando la imagen del candidato del Partido Andalucista a la alcaldía de Málaga. Eso hizo que mientras en ciudades como Granada, Huelva, y Sevilla quedamos como primera o segunda fuerza por resultados, en Málaga nos relegaron al cuarto puesto. Reconozco que no supimos reaccionar adecuadamente ante tan bajo comportamiento político. No podíamos esperarnos algo así recién iniciada la democracia y a pocos días de que los ciudadanos emitieran el voto.

Más tarde, pasado algunos años, supe que fue incluso motivo de discusión en la reunión del comité provincial ampliado del PSOE que se celebró el 24 de junio de 1979. Un miembro del PSOE me había proporcionado una copia del acta de dicha reunión que aún conservo.

Volviendo al proceso autonómico, Andalucía inició este trámite del 151, y aunque se sobrepuso a todos los obstáculos previstos, le faltó solo superar el refendum en la provincia de Almería, que por escaso margen no consiguió la mayoría exigida, aunque sí en el resto de las provincias y en el conjunto de Andalucía. Es por ello que Adolfo Suárez en su investidura, a instancia del Partido Andalucista, accedió a resolver el problema aplicando el artículo 144 de la Constitución que sustituía la iniciativa provincial de Almería «por motivos de interés nacional».

Para el PSOE no era tolerable que se satisficiera la demanda autonómica de Andalucía de la mano del Partido Andalucista por los riesgos que entrañaba para mantener su hegemonía en Andalucía. Tuvo por ello que oponerse con Rafael Escuredo, entonces presidente de la Junta de Andalucía, hasta vestir el desbloqueo con el traje propagandístico más conveniente para el PSOE. Y ese traje fue: sustituir la iniciativa autonómica de Almería por motivo de interés nacional, ya pactada por el Partido Andalucista, es decir el artículo 144 de la Constitución, pero sin que en el acuerdo apareciera la referencia al 144, y la modificación de la Ley Orgánica de Referéndum para atribuirse ellos el éxito. Un juego de palabras que les permitió realizar con éxito una campaña contra el Partido Andalucista. Es la importancia de lo que se llama «el relato», y fue una demostración de la capacidad propagandista que este partido ha exhibido a lo largo de nuestra historia democrática en la que han demostrado ser los mejores. La propaganda del PSOE en el desbloqueo autonómico de Andalucía fue un anticipo de lo que en la actualidad hace Pedro Sánchez al utilizar los «hechos alternativos», generando historietas capaces de colar entre los votantes. No sin razón alguien ha dicho que el PSOE es el campeón mundial en la creación de relatos. Estos con las actuales técnicas de persuasión nos entontecen y privan de raciocinio.

En relación al desbloqueo de la autonomía andaluza viene a colación un incidente que tuve con Felipe González en un pleno del Congreso de los Diputados en 1992 que trataba sobre el Estado de la Nación. En el contexto de la intervención, que versó sobre diversos asuntos, hice esta crítica a la forma en que había ejercido el poder el Gobierno socialista: «un poder en gran parte compartido con los grupos parlamentarios vasco y catalán, bajo un sistema de apoyos mutuos. Vascos y catalanes han ido legitimando la política del Gobierno socialista, al tiempo que iban solucionando los problemas autonómicos o económicos de sus respectivas Comunidades. De esta manera, en la práctica, se ha ido configurando en España un federalismo asimétrico donde unas nacionalidades o regiones pesan más que otras y esto tiene consecuencias políticas, económicas y sociales.»

No quiso contestar a los otros asuntos de mi intervención, se cuidaba bien de darme protagonismo alguno, excepto a la crítica anterior, donde vio la oportunidad de golpearme con el recordatorio de la propaganda socialista sobre el desbloqueo autonómico de 1982. Y me respondió así: «Ha dicho: Andalucía se ganó su derecho a ser una autonomía de primera y la están convirtiendo ustedes en una autonomía de segunda. Por ello, con ese mismo esquema de razonamiento y sin subir mucho el tono de voz, para no hacerlo tan irritadamente como usted lo ha hecho, le quiero decir que efectivamente Andalucía se ganó ese derecho y se lo ganó en contra de su partido, del que usted representa, del que se llama andalucista. Usted lo sabe muy bien».

No me sorprendió la recuperación de su acción propagandista sobre el desbloqueo de entonces, ni el impresionante malestar que mostraba su respuesta. Pero sí me sorprendió de esta intervención el reconocimiento explícito de la existencia de dos tipos de autonomías, algo que siempre habían negado, y ahora, quizás inadvertidamente al calor de la respuesta que creía dar en un mitin en Andalucía en vez de en el Parlamento, lo utilizaba como argumento para golpearme. Ello me permitió replicarle en los siguientes términos: «es curioso, señor González, que no conteste a nada de mi intervención y hable como lo ha hecho y en los términos en que lo ha efectuado. Con la misma tranquilidad con que le hablé antes, ahora le digo que su irritación tiene que ser mucha para responder así. Yo creía que lo suyo era un problema personal, pero ahora veo que su irritación es una cuestión con el Partido Andalucista. A estas alturas, señor González, usted sigue y vive instalado en la mentira como arma arrojadiza contra el Partido Andalucista. Es un sarcasmo o un chiste que un partido centralista, como el PSOE, quiera presentarse como más autonomista que un partido nacionalista. Usted sabe, señor González, que si el Partido Andalucista no existiera, la autonomía de Andalucía sería como la de Extremadura, como la de Murcia y como la de tantas otras comunidades. De hecho, ustedes utilizaron un doble lenguaje. En esas comunidades iban cantando las excelencias de la autonomía del 143, y en Andalucía iban hablando de la perversión o de la maldad de la autonomía del 143. ¿Qué clase de socialistas son ustedes que tienen distinta vara de medir para los pueblos de España y distinto grado de libertad y de autonomía para los pueblos de España?».

Durante la intervención, aproveché y le reté a un debate público sobre el desbloqueo de la autonomía andaluza diciéndole: «Yo me encuentro en condiciones de desenmascararle. Porque usted, señor González, hizo trampa con Andalucía. La utilizó para llegar al Gobierno de España, que es lo que le interesaba en ese momento. Después de que la autonomía se desbloqueara, en virtud de la acción del Partido Andalucista en el Parlamento de España, usted taponó la autonomía andaluza en la Junta de Andalucía, hasta crear las condiciones y vestir la fórmula que le permitiera seguir en esa política de derribo del entonces

Gobierno de España, que es a donde quería llegar y llegó. Señor González, su compañero Rafael Escuredo, y también don Manuel Clavero, han reconocido públicamente en algunos medios de comunicación el papel del Partido Andalucista en la consecución de la autonomía andaluza. Yo no le pido ni se lo voy a pedir que reconozca públicamente eso, no lo haría, pero que a estas alturas siga mintiendo descaradamente, señor González, cuando menos es miserable.»

Como la última palabra la tiene el presidente, evitando cualquier argumentación se limitó a contestar, cual vacío de pensamiento, de la siguiente forma: «Ha habido una nueva intervención del Señor Pérez Bueno. Ahí se queda la intervención. No quiero citar las fuentes, pero él sabe como yo lo que pasó, cuando pasó. Lo sabe muy bien y además no es oculto: lo sabe muy bien».

Recientemente, en el contexto de una entrevista en un periódico sevillano realizada en 2024, reconoció el papel de Andalucía como fuerza compensatoria de los nacionalismos del norte, obviamente sin referencias a la actuación de las fuerzas políticas de entonces en los siguientes términos: «Andalucía jugó un papel interesantísimo de equilibrio respecto de las aspiraciones que podrían interpretarse que eran para disgregar el país. Tuvo un efecto sedante, compensador de una tensión histórica que superaba la tentación que algunos tenían de tener una mesa aparte».

Lo cierto es que, con el acceso de Andalucía a la autonomía del primer nivel, se generalizó el sistema autonómico para todos, excepto para las comunidades vasca y navarra que tenían su mesa aparte, los sistemas forales reconocidos por la Constitución. Andalucía es la única comunidad de España que ganó su acceso a la autonomía mediante referéndum. Los vascos y catalanes la tuvieron directamente por reconocimiento específico constitucional. Las demás autonomías, después de la experiencia andaluza no tuvieron que pasar por referéndum alguno. Para ellas por suerte el artículo 143 de la Constitución dejó de existir. Ya no era necesario. Y accedieron al nivel de las autonomías de 151, pero sin pasar por el rosario de obstáculos por los que tuvo que pasar Andalucía.

LA DENUNCIA DEL «CAFÉ PARA TODOS» Y LA EXIGENCIA DE ASIMETRÍA

A partir de entonces, y así hasta nuestros días, vascos y catalanes empiezan a denunciar el café para todos. Y fue el político catalán Maragall, entonces alcalde de Barcelona y más tarde presidente de la Generalitat, quien asumió sin complejo la demanda catalana de privilegio frente a los demás mediante el sistema de federalismo asimétrico.

Todo empezó por la victimización, por exigir que se admitiera que hay un problema con Cataluña, y ello entraña necesariamente buscar una solución. En la actualidad, después del procés, los socialistas catalanes hablan de pacificación creyendo que puede funcionar como truco que haga tragar las exigencias nacionalistas con las que ellos comulgan, pero se olvidan de los numerosos ciudadanos, la mayoría inmigrantes entre los que están muchos de origen andaluz, que sufren el esencialismo nacionalista en forma de injusticias y discriminaciones ya sean lingüísticas, laborales o económicas.

Después de las elecciones del 23-J de 2023, parece que el destino de España lo deciden los políticos catalanes. Los partidos independentistas que protagonizaron el golpe de estado en Cataluña junto con el Partido socialista catalán son los que conducen el nuevo proceso político en España.

Así que quienes se consideran ciudadanos de España a la fuerza son los que gobiernan España. Para mantenerse en el poder, Pedro Sánchez, depende de todos ellos, inclusive del Partido Socialista Catalán, que es un partido independiente del PSOE desde las primeras elecciones democráticas tras la unificación socialista en España. Y es el resultado electoral de los socialistas catalanes lo que mantiene a Pedro Sánchez internamente. El PSOE en España se ha soportado principalmente por el mantenimiento de redes clientelares en Andalucía y por los socialistas catalanes. Estos últimos fortalecidos por la población emigrante del resto de España, sin representación directa del PSOE en Cataluña, aunque articulados a él como partido independiente. Con estos mimbres Pedro Sánchez cede y concede cuanto les exige los independentistas, rompiendo cuando es necesario con la base política de la democracia, con la Constitución, y con el derecho de la Unión Europea. Lo que es fácil de colegir al ver el mal negocio de la amnistía en moneda de valores constitucionales. Que por otro lado y sin embargo, más allá de la constitucionalidad o no de la ley de Amnistía, que es lo que ha centrado el debate político para llegar a una conclusión sobre su posibilidad, debemos de preguntarnos si es moral o si es deseable.

Consolidar y acrecentar la desigualdad es el resultado de esta dinámica asimétrica o confederal en la organización territorial del Estado. Ante la falta de lealtad constitucional de estos carlistas modernos, los nacionalistas, el cierre del sistema se vuelve más necesario que nunca. Y al cerrarlo, sin más floritura y distingos, podamos equipararlo a un Estado Federal. Ello implica una única soberanía, la española. E implica también igualdad entre autonomías. De no ser así España seguirá saliendo de Cataluña ante las concesiones de Pedro Sánchez, quien niega a la nación española su condición de sujeto único de soberanía.

Aunque la formación de un Estado Federal y un Estado de la Autonomías son procesos distintos, los utilizo aquí en el sentido de idéntico resultado final. Sabido es que el Estado Federal se forma a partir de quienes pierden independencia para unirse en un solo Estado, que no es el caso español. Mientras que el Estado Autonómico es resultado de un solo Estado que se descentraliza como es el caso español.

Los vascos con su sistema de cupo, además de arrancar numerosas concesiones con sus apoyos a los diversos gobiernos de España, no contribuyen a la solidaridad con el resto de España. No contribuyen a la financiación de la deuda pública y al déficit de la seguridad social. Somos los españoles los que contribuimos a su mayor desarrollo. Resulta paradójico que las pensiones de los vascos muy superiores a la media del resto de los españoles sean pagadas por las arcas del Estado, pues no computan en la determinación del cupo vasco. No sería de extrañar que las manifestaciones de los pensionistas en España lideradas por los pensionistas vascos, con pensiones más altas, los primeros en salir a la calle, sean apoyadas por el PNV. Al fin y al cabo, el exceso lo paga el resto de los españoles y la sostenibilidad del sistema de pensiones no forma parte de sus preocupaciones.

El partido Andalucista criticó casi en solitario el privilegio vasco de los conciertos económicos cuando se redactó la Constitución. Pero posteriormente, fue un diputado vasco perteneciente a UPyD quien pidió, en el propio Parlamento Vasco, la supresión del Concierto Económico. Era Gorka Maneiro, diputado en el Parlamento Vasco entre 2009 y 2016. A ello se oponían los nacionalistas alegando su derecho reconocido en la Constitución. Y cuanto menos resulta curioso que en esta ocasión defendieran la Constitución cuando el resto del tiempo intentan derribarla. Maneiro argumentaba que la petición de eliminación de los privilegios que implican el sistema de Concierto Económico, aunque reconocido en la Constitución en su disposición adicional primera, también choca con otros artículos de la misma Constitución, como el artículo 138.2 que dice que «las diferencias entre los Estatutos de las distintas Comunidades Autónomas no podrán implicar en ningún caso privilegios económicos y sociales. Y también con el artículo 139.1 que dice «Todos los españoles tienen los mismos derechos y obligaciones en cualquier parte del territorio del Estado».

La oposición a la supresión del privilegio vasco mediante reforma legal no solo la ejercía los nacionalistas. Igualmente lo hacían PSOE y PP en sede vasca. Y cuenta Gorka Maneiro que el portavoz del PSOE, Pastor, afirmó en una ocasión que »gracias al Concierto Económico los vascos no pagamos al resto de los españoles». Y que, igualmente, el portavoz del PP, Maroto, replicó a Gorka Maneiro diciendo: «Soy un hombre pragmático, no nos interesa la independencia: ya tenemos el Concierto Económico que nos beneficia».

En 2017, Albert Rivera denunció el «cuponazo» cuando los nacionalistas vascos, a cambio de la aprobación de los Presupuestos de España, exigió que se aprobaran en el Congreso las dos leyes que amparaban el cupo vasco en los términos que demandaban los nacionalistas. Fue Ciudadanos el único partido que voto en contra de dicha ley.

En 2018, en el Parlamento asturiano, se aprobó una proposición que instaba al gobierno regional a presentar recurso de inconstitucionalidad contra las leyes del cupo vasco, exigiendo un sistema de financiación autonómica justo y solidario. La proposición salió adelante con los votos de IU (izquierda Unida), Ciudadanos y Podemos. El PSOE se abstuvo y el PP votó en contra. En ese mismo Parlamento, recientemente, es el PP quien ha tenido la iniciativa promoviendo el rechazo a establecer el cupo catalán que quieren establecer los nacionalistas catalanes con la aceptación de los partidos en el gobierno. Y ahora son el PSOE, IU y Podemos los que votan en contra. ¡Vivir para ver!.

Los catalanes no tienen el sistema de cupo vasco, pero requieren ahora un sistema similar. Después de muchos años han visto los beneficios que reporta a los vascos, y fracasado el intento de Maragall de introducirlo en la reforma del Estatuto de Cataluña en 2006, Artur Mas, en 2012, lo vuelve a reclamar al gobierno central directamente bajo la amenaza de la independencia, dando origen al llamado procés. Tergiversan la realidad, con su «España nos roba,» demandando más financiación cuando en realidad ya la reciben, no solo directamente con lo que van arrancando a los gobiernos de turno que apoyan, sino indirectamente con su política de endeudamiento financiado por el Fondo de Liquidez Autonómica, también estatal, para abrir embajadas en el extranjero y financiar el proceso independentista. Deuda catalana que ahora exigen al Estado su cancelación total o parcial.

Extender el sistema de Concierto a Cataluña es una modificación del sistema de financiación autonómico e incluso del modelo de Estado de manera fraudulenta. El economista, experto en financiación autonómica, Ángel de la Fuente calculó el beneficio del Concierto Económico Vasco en 7.000 millones, y ahora calcula el de Cataluña en al menos 30.000 millones. El portavoz de economía de Sumar, que además es Presidente de la Comisión de Presupuestos del Congreso, Carlos Martin Urriza, publicó un artículo de opinión donde denunciaba que de llevarse a cabo este modelo de financiación pactado con los nacionalistas catalanes conduciría a un sistema menos redistributivo de la renta y la riqueza en España así como a una deuda pública menos sostenible. Y Alfonso Guerra dice que «Illa parece encantado con ser presidente al precio de la insolidaridad».

En esta materia, desde el gobierno despliegan su capacidad propagandista sobre la terminología y alcance de la financiación singular de Cataluña. La ceremonia de la confusión originada no tiene pie ni cabeza cuando, queriendo crear una realidad paralela, dicen que no es un concierto y que el acuerdo se rige por la solidaridad. Pero las cosas están claras, el acuerdo establece que la Generalitat sea la que gestione, recaude, liquide e inspeccione los impuestos en Cataluña. Y establece un cupo que la Generalitat aportaría al Estado tras ser negociado. Y esto es el concierto fiscal.

Y es que conceder las exigencias que los nacionalistas piden para resolver el problema catalán y vasco conlleva, entre otras cosas, no solo consolidar la desigualdad existente, sino acentuarla en los términos que demandan los nacionalistas vascos y catalanes entre los que se encuentra el Partido Socialista de Cataluña. Y estos son los que tras las elecciones del 23-J dirimen el futuro de España, imponiendo a Pedro Sánchez el precio a pagar por España, y dispuesto a todo para mantenerse si la ciudadanía española no lo remedia. Los pactos sobre financiación autonómica de Pedro Sánchez con Ezquerra Republicana de Cataluña así lo atestiguan. Han sido posible, porque la meta de Sánchez es la supervivencia y la de ERC la independencia. Se da también una simbiosis del proyecto personal de Sánchez y los socialistas nacionalistas catalanes. El PSOE se convierte en una sucursal del PSC a cambio de que Pedro Sánchez continúe gobernando. Ya solo queda como concesión última: el referéndum.

Si se desatiende la desigualdad, si solo interesa el poder por el poder, parece que llevan razón quienes afirman que la decadencia de los partidos socialdemócratas se debe a su indefinición, puesto que ya nadie sabe para que son necesarios. Algunos les define como «elites extractivas de la izquierda» por el aparente divorcio de estos con la moral. Y lo que realmente trasmiten es que la democracia no vale para nada si no se tiene el poder, despreciando la posibilidad de alternancia, y utilizando como pretexto la necesidad de hacer todo lo que sea para evitar que la derecha llegue al gobierno.

LA RACIONALIZACIÓN AUTONÓMICA

El Estado de las Autonomías, que es una formulación cuasi federal, no cierra definitivamente la organización territorial del Estado bajo la forma federal. En una federación lo que funciona es la multilateralidad y no las reivindicaciones bilaterales ni los agravios comparativos porque los que están sujetos a derecho son los ciudadanos y no los territorios o los pueblos. Y ello aunque haya que reconocer las diferencias en ese marco de unidad estatal. El federalismo implica que los Estados, o en nuestro caso las Autonomías, tienen competencias estrictamente reguladas, así como su intervención en el legislativo con un total respeto a las facultades del poder Central. Pero como a Cataluña, que no quiere eso, le interesa mantenerse en Europa, la formula del confederalismo es la que mejor le conviene. Y sabemos que el confederalismo comporta la existencia de Estados soberanos.

* * *

Para cerrar el Estado de las Autonomías convendría revisar la eficacia de las políticas públicas en el marco de la integración europea. Y que sea la Constitución, y sus reformas necesarias (al ser la integración europea un proceso dinámico aún en curso), la que atribuya competencias a los niveles inferiores de gobierno, sin que estas puedan decidir si aceptan o no las competencias. Lo que no sería posible es el cierre del Estado de las autonomías mediante un proceso radicalmente recentralizador porque alimentaria la conflictividad territorial.

Quizás la mejor expresión de la necesaria organización territorial de España la encontremos en las palabras del filósofo Andrés de Francisco: «Todo proyecto federal implica la existencia de un poder central fuerte que garantice el común denominador cívico, así como la necesaria seguridad y equidad financiera y fiscal en un territorio necesariamente diverso, diferenciado y descentralizado».

Si tiene sentido la segunda transición democrática, reformando la Constitución en lo preciso, es justamente bajo el paraguas de un proyecto reformista que sea capaz de cerrar la organización territorial del Estado en condiciones de igualdad para todos los ciudadanos de los distintos territorios de España, al mismo tiempo que restablezca los contrapesos del poder político para asegurar el buen funcionamiento del estado de derecho, y que modifique el sistema electoral para empoderar más a los ciudadanos y elimine la sobrerrepresentación de los grupos nacionalistas.

Un proyecto político no puede tener como modelo territorial el resultado de lo que vayan exigiendo los nacionalistas. Los partidos llamados constitucionalistas van reduciendo su presencia en Cataluña y País Vasco o subsisten convertidos en auxiliares del nacionalismo hegemónico y dejan de ser una alternativa social, política y cultural para asistir a la de los nacionalistas como satélites de las mismas. No está justificado ni como estrategia de resistencia para permanecer o compartir el poder.

Pero digámoslo claro, no es el problema la existencia de las Autonomías, sino la configuración abierta del Estado de las Autonomías sujeta a la dinámica de pactos de los gobiernos de España con los nacionalistas. Al mismo tiempo que transitamos lejos de una dinámica federal (esto es generando unión a partir de sus partes), se multiplica ineficazmente todo tipo de instituciones como si el tamaño fuese lo realmente importante. Y posiblemente lo sea para colocar a más cuadros de los partidos.

Y la inexistencia de una coordinación leal y respetuosa entre las instituciones es aprovechada por los que son contrario a las autonomías para reclamar una recentralización. Esto ha ocurrido con la respuesta política a la catástrofe ocasionada por la Dana en Valencia, que demuestra las disfuncionalidades estructurales del sistema autonómico además de incompetencia en los políticos, que para no asumir responsabilidades están más preocupados por el relato de lo sucedido que en paliar la situación. Aquí sólo la Corona, nuevamente, es quien ha mantenido el tipo.

El estado de alarma es competencia del Gobierno de España, reconocida en el artículo 116 de la Constitución. Y la Ley 17/2015 del Sistema de Protección Civil atribuye las competencias de gestión de las emergencias al Ministerio del Interior, que debe ejercerla sin condicionamiento alguno a la previa petición autonómica, y ponerla en práctica no ya cuando la emergencia ha acaecido sino con carácter preventivo. Las competencias sobre la Confederación Hidrográfica del Júcar y sobre la Agencia Estatal de Meteorología son del ministerio para la Transición Ecológica. Los recursos económicos y los del ejercito, son también estatales. Es evidente que el Estado tenia que haber declarado el nivel 3 y asumir el mando único. No es potestativo. Pero por cálculo político no fue capaz de tomar el mando desde el primer momento en los sucesos de la dana de Valencia. A ello hay que añadir la incompetencia de las autoridades locales, que también tienen sus responsabilidades. Y como resultado de todo la catástrofe con la pérdida de vidas humanas.

La atribución cruzada de responsabilidades, que se han producido con posterioridad a los sucesos de Valencia, sigue el patrón de la polarización. La lucha de poder entre los partidos se centra en el relato y se olvidan de las causas de la tragedia y sus consecuencias, que no son otras que la falta de inversión en infraestructuras para la prevención de desastres y la falta de coordinación entre distintos niveles institucionales. La responsabilidad de los gobernantes y el principio de rendición de cuentas quedan marginados desacreditando nuestra democracia.

El eslogan «solo el pueblo salva al pueblo», copiado de una carta de Antonio Machado a un amigo novelista ruso durante la guerra civil, ha circulado por las redes sociales y se ha exhibido también en algunas pancartas en eventos deportivos y manifestaciones, dando la imagen de un Estado fallido. También están los que han aprovechado lo sucedido para presentarnos sin reparos como un Estado de las Autonomías disfuncional. Pero de momento España no es un Estado fallido, sino un Estado en el que fallan sus representantes. La ciudadanía está perpleja ante la ineficacia de una estructura política que en vez de cooperar lealmente, se desenvuelve en un permanente enfrentamiento competencial entre administraciones.

Estamos obligados a considerar la necesaria reordenación de nuestro modelo territorial, a ajustarlo y corregirlo cerrando definitivamente el mismo en condiciones de igualdad en toda España. Pero debe ser un diseño racional donde la coordinación y la lealtad institucional sean sus elementos rectores.

Este problema de racionalización de la estructura territorial del Estado no es nuevo y, desde los primeros años, preocupaba ya tras aprobarse la Constitución. Pero la gran dificultad estribaba en como hacer compatible el trato privilegiado de vascos y catalanes con las demás autonomías. En junio de 1981 tuvo lugar el Pacto Autonómico de UCD y PSOE. Estos pactos se materializaron en la LOAPA (ley Orgánica de Armonización del Proceso Autonómico). Muchos han interpretado que estos pactos autonómicos fueron una reacción por miedo involucionista tras el golpe militar del 23-F. No fue así, estos pactos se venían fraguando con anterioridad a dicho suceso golpista. Solo que resultó un buen pretexto para que los intereses coincidentes de UCD y PSOE pudieran presentarse a la sociedad sin merma de credibilidad.

Tras aprobarse los estatutos vasco y catalán, y condicionados por los intereses territoriales en Andalucía y Galicia, el PSOE no podía quedarse en una aparente indefinición acerca de la construcción del Estado de las Autonomías, toda vez que este había quedado abierto en la Constitución y el partido socialista se veía cada vez más cerca del gobierno. Tenía que conciliar posiciones relativas a la responsabilidad de Estado que iba a asumir, con la distintas y diferentes promesas de autogobierno que venían haciendo en cada territorio. Se venía retrasando el pacto porque el PSOE tenia que ganar tiempo para que se resolviera el problema de Andalucía y el de Galicia. Resueltos estos tenían que abordarlo sin más retrasos.

Pero se equivocaron en la forma y en el contenido. La LOAPA fue aprobada en el Congreso de los Diputados en 1982. El Tribunal Constitucional en 1983 negó el carácter orgánico y armonizador de la ley porque los Estatutos de Autonomía, que son normas integrantes del bloque de constitucionalidad, no podían estar limitados por una ley estatal. Con la supresión de numerosos artículos declarados inconstitucionales tuvo que aprobarse como ley del

Proceso Autonómico, desprovista de carácter armonizador y orgánico.

En el fondo constituía una reforma encubierta de la Constitución. Felipe González, coincidiendo con Martin Villa, sostenía que «si esta ley no existiera la deberíamos inventar, porque si no existiera lo que deberíamos hacer es modificar la Constitución. Por tanto gracias a esta ley que nos permite ahorrarnos la reforma, lo que hacemos es reformar la Constitución a través de la propia Ley».

La pregunta es ¿y por qué, solo algunos años antes, no se estableció en la Constitución un sistema cerrado y claro del marco autonómico?

A esta ley se interpusieron varios recursos previos de inconstitucionalidad, mecanismo que dejó de existir años después, en 1985, con la reforma del poder judicial que llevó a cabo Felipe González. Los recursos previos lo presentaron 50 diputados, y los gobiernos y parlamentos del País Vasco y Cataluña.

A una reunión celebrada en Barcelona, preparatoria de la respuesta a dar a este proyecto de ley, asistí con mi compañero y diputado en Madrid, Juan Carlos Aguilar. Juan Carlos Aguilar era el portavoz del partido Andalucista en el debate del Congreso. Yo era entonces Consejero de Medio Ambiente en la Junta de Andalucía. En la reunión hizo de anfitrión Macías Alavedra, entonces en el gobierno de la Generalitat, acompañado de Miguel Roca i Jungent. Asistieron también Xavier Arzalluz acompañado de otro dirigente del PNV, y Santiago Carrillo acompañado de otro dirigente del PCE. En mi opinión el PCE estuvo en el frente opositor a la ley porque no fueron llamados al pacto.

Igualmente puede decirse que Convergencia y Unión, que no había participado en la confección de los mismos, lo habría hecho si, como siempre, hubiesen participado en los acuerdos de Estado condicionándolos a los intereses de Cataluña. Los catalanes no habían dado forma a una ley de importancia capital para ordenar la organización territorial del Estado. En el debate parlamentario de entonces lo expresó con claridad Miguel Roca: «lo que estamos dispuesto a renegociar es lo que he dicho: qué normas, qué criterios, qué acuerdos, qué soluciones pueden establecerse para lubrificar el proceso de la generalización autonómica española, en beneficio de la consolidación democrática». Es decir, negociar asegurando la preeminencia vasca y catalana en el concierto de generalización de las autonomías, como alternativa al café para todos.

Jordi Pujol afirmaba que Convergencia y Unión quería un proceso autonómico a dos velocidades. Y años más tarde, 1989, en el debate de investidura de Felipe González, Iñaki Anasagasti del PNV le recordaba: «Aquí al inicio de la transición, había dos demandas claras de autogobierno: Cataluña y Euskadi. Y una por despertar: Galicia. Con aquella miope y partidista política de Estado tenemos ahora 17 autonomías. No se han resuelto los dos problemas principales y se han creado 14 nuevos».

Sin embargo esta no es la apreciación del que entonces era Presidente de Gobierno, e impulsor de la LOAPA junto a Felipe González, Leopoldo Calvo Sotelo, quien en *Memoria viva de la transición* dice: «no supimos desarmar los recelos de vascos y catalanes, que fueron los más eficaces opositores de los pactos autonómicos —unos pactos, sin embargo, pensados para los demás y que podrían haberse administrado como consagración de la preeminencia catalana y vasca en la naciente España de las Autonomías».

Al poco tiempo de aprobarse la Constitución, nuevamente, se podía observar que todas las vueltas al problema territorial residía, no en la búsqueda de un sistema cerrado de carácter federal, en condiciones de igualdad para todos, sino en ver cómo se satisfacía la demanda de vascos y catalanes.

Visto con distancia, el fallido intento de armonización autonómica con la LOAPA, y la existencia del fatídico artículo 150.2 de la Constitución, del que Alfonso Guerra dice que él era contrario en la ponencia constitucional pero que le aseguraron que nunca se iba a utilizar, dejó abierta la puerta a los desmanes del gobierno actual en la cesión de competencias. Las asimetrías autonómicas ya no tendrían frenos a voluntad del gobierno, y la posibilidad de culminar un Estado federal se alejan.

Y otra vez, a día de hoy, vemos que la solidez y la estabilidad del Estado democrático se van a ver condicionadas por el éxito o fracaso del sistema autonómico. La cuestión territorial sigue siendo el gran problema a resolver.

LA PREAUTONOMÍA ANDALUZA

Sevilla reunía las condiciones ideales para albergar la capitalidad andaluza. Sus infraestructuras de acceso a la mayor parte de la población andaluza y su dotación de servicios lo hacía factible económica y funcionalmente. Y allí fue donde se estableció la pequeña estructura en la etapa preautonómica que condicionaría su posterior consolidación en la etapa autonómica. No obstante en Andalucía existía un movimiento en muchas ciudades, y no solo en capitales de provincia como Granada, Córdoba o Málaga, sino también en otras ciudades como Antequera, Ronda, Andújar y algunas más que aspiraban a la capitalidad. Durante la redacción del Estatuto de Autonomía se dispuso en unos de sus artículos que la capitalidad se decidiera en la primera sesión ordinaria del Parlamento andaluz una vez que se hubiera constituido. En el seno de los distintos partidos había controversia al respecto y por ello se pospuso esta decisión. Aún así los partidos ya daban por sentado cuál sería la resolución de este problema. Y la etapa preautonómica arrancó, pues, con el gobierno en Sevilla.

En Sevilla había un patrimonio inmobiliario capaz de albergar la capitalidad. Desde la Exposición Iberoamericana de 1929 se encuentra ya definida la fisonomía urbana de la ciudad que perdura hasta nuestros días. Esta exposición sufrió un retraso de 20 años, pues estaba proyectada para 1909, y no para 1929 cuando se celebró. Y en ese primer tercio del siglo XX surge el regionalismo arquitectónico en Sevilla que tuvo manifestaciones en otras facetas de la vida pública. Quizás la más destacada fue en la política con Blas Infante. Pero también en la literatura con José María Izquierdo, en la cultural con Alejandro Guichot, o en el arte con Gonzalo y Joaquín Bilbao entre otros. Sevilla vivió un nuevo Renacimiento con la Exposición.

Los máximos representantes del regionalismo arquitectónico fueron Aníbal González, Juan Talavera y José Espiau. Todos ellos buscaron elementos estilísticos en tiempos pasados (mudejarismo y el clasicismo) para combinarlo con elementos constructivos originales locales. Para Aníbal González su patrón fue el mudejarismo, y para Juan Talavera fue el Barroco. Y la ciudad dispone de numerosos edificios atribuidos a ellos.

La primera vez que estuve en Sevilla fue en el año 1961, año de la inundación del Tamarguillo. Estuve interno en el colegio escolapio de la plaza Ponce de León. Solo tenía 12 años. Casi todos los domingos nos llevaban de paseo al Parque de María Luisa y a la Plaza de España, donde solíamos jugar en la ría que bajo cuatro puentes circunvala el interior de la plaza. Era la única imagen que guardaba de Sevilla durante muchos años. Dieciocho años más tarde, a causa de la política, mi vida se desenvolvía en ese mismo escenario.

La primera vez que accedí a un cargo institucional fue en la etapa preautonómica en el año ochenta del siglo pasado como Viceconsejero de Medio Ambiente en el gobierno de Andalucía y posteriormente como Consejero de Medio Ambiente. Las oficinas estaban en el Pabellón Real de la plaza de América. Fue uno de los edificios que construyó el arquitecto Aníbal González, principal referente de la arquitectura regionalista sevillana, con motivo de la Exposición Iberoamericana de Sevilla de 1929. Un edificio neogótico, de distinto estilo que los otros dos edificios que el mismo arquitecto construyó para dicha exposición en la misma plaza. Los otros dos eran de estilo neomudéjar, el Museo de Artes y Costumbres Populares, y neorrenacentista el Museo Arqueológico.

La plaza de América está ubicada en el interior del Parque de María Luisa. Y suele ser frecuentada por las familias con niños pequeños para jugar con las palomas, muy numerosas, para darles de comer. Le llaman por ello la Plaza de las Palomas y en el centro tiene una fuente llamada también Fuente de las Palomas.

El Parque de María Luisa, verdadero pulmón verde de la ciudad por sus grandes masas arboladas, con numerosas fuentes y glorietas donde el agua contribuye a la frescura del entorno, y donde la cerámica adorna los espacios que, dentro del parque, se configuran como verdaderos espacios autónomos cuya intimidad resalta dentro del conjunto público compartido, constituye un espacio ideal de recreo para pasear, hacer deporte, o lugar de lecturas bajo las sombras que proyectan sus árboles.

También integrada en el Parque de María Luisa está la Plaza de España, igualmente construida por Aníbal González, que hoy tiene una estatua de bronce en la entrada al recinto, por la parte abierta al parque que mira al río Guadalquivir. Se dice que simboliza el abrazo de España a sus antiguos territorios americanos.

Es en este escenario donde comienza el itinerario autonomista de Andalucía en la naciente democracia española con la institución de la preautonomía. En Cádiz, en 1978, se constituyó la Junta Preautonómica de Andalucía, que fijó su mínima estructura organizativa en Sevilla, donde realizó sus funciones administrativas hasta las primeras elecciones andaluzas de 1982, tras la cual se constituye el primer gobierno andaluz de acuerdo con el Estatuto de Autonomía que iniciaba su aplicación.

La Preautonomía se justificaba por el carácter preparador de la Autonomía. Pero si bien es cierto que había incertidumbre acerca de la configuración institucional que iba a tener la misma, y que ello centró el debate de entonces, desde el punto de vista de las infraestructuras que tenían que alojar las instituciones, no se previno nada al respecto y fue el Parlamento quien sufrió más acusadamente la itinerancia hasta su actual configuración definitiva. Tampoco en esta etapa se preparó un diseño administrativo pensado desde las condiciones específicas de Andalucía para cuando llegara la autonomía, sino que, con sus vicios y defectos, sencillamente se reprodujo el modelo de la Administración Central, paralelamente a las transferencias de competencias, sin hacer caso del Informe de García de Enterría que desaconsejaba tal proceder.

En esta etapa se aprobó también por primera vez una metodología de valoración de las transferencias que nosotros criticamos porque consagraba la desigualdad financiera de inicio de las autonomías. Dicha metodología asumía como criterio que la valoración se hiciera respondiendo al nivel de prestación de servicios que existía en el momento de realizarse las transferencias. De tal manera que quien tenía mayores y mejores servicios partían de una posición de ventaja con respecto a las que tenían menores y peores servicios. Es lo que los economistas llaman el criterio del coste efectivo en el momento de efectuarse las transferencias. Era el caso por ejemplo de Cataluña en situación de ventaja y Andalucía en situación de atraso.

A este respecto conviene recordar que los criterios que se introdujeron en la financiación de las autonomías respondían a los pactos del poder central con los nacionalistas catalanes. Estos criterios fueron introducidos en la redacción del Estatuto de Autonomía para Cataluña en 1979 y después trasladados a la LOFCA (Ley Orgánica de la Financiación de las Comunidades Autónomas) en 1980. La función de la LOFCA era establecer un mínimo grado de homogeneidad en el sistema de financiación de las Comunidades Autónomas después de acordarla con las exigencias nacionalistas.

El proyecto inicial de la LOFCA era adoptar el criterio del coste medio de los servicios a nivel del Estado. Este criterio equiparaba la financiación de los servicios de todas las Comunidades Autónomas, y aquellas que quisieran elevarlos a niveles superiores tendrían que hacerlo a cargo de las propias Comunidades. Fruto de la negociación con los nacionalistas catalanes, el criterio del coste medio fue sustituido por el del coste efectivo, que consagraba entonces la distribución desigual de servicios existentes en las Comunidades Autónomas. Y para corregir esto en la propia ley (en su artículo 15) se estableció un mecanismo nivelador en forma de asignaciones complementarias que el Estado debía satisfacer para garantizar en todo el territorio español el nivel mínimo de los servicios fundamentales que hubiesen asumido las Comunidades Autónomas. Este nivel mínimo de prestaciones se situaba en el nivel medio de los mismos en el territorio nacional. Pero el mismo artículo 15 de la LOFCA derivaba para su aplicación a una norma de desarrollo que determinara cuáles eran los servicios fundamentales y qué ritmo de elevación de los mismos se iba a establecer para que las Comunidades alcanzaran el nivel medio. La norma de desarrollo no se llegó a elaborar porque las Comunidades Autónomas interesadas carecían de poder político propio.

Lo que había ocurrido pues, es que la promulgación del Estatuto catalán en 1979 y la entrada en vigor de la LOFCA en 1980 armonizó la financiación autonómica siguiendo las pautas contenidas en el Estatuto catalán.

Sin embargo, Andalucía pudo quebrar esta inacción de desarrollo normativo con su propio Estatuto de Autonomía que se aprobó en diciembre de 1981. Y lo hizo en la disposición adicional 2ª y en la disposición transitoria 6ª del Estatuto.

En la disposición adicional 2º se establecía que dadas las circunstancias socioeconómicas de Andalucía que impide la prestación de un nivel mínimo en alguno o algunos de los servicios transferidos, los presupuestos generales del Estado consignarán con especificación de su destino y como fuentes excepcionales de financiación unas asignaciones complementarias para garantizar la consecución de dicho nivel mínimo. Obsérvese que aquí no se habla de servicios fundamentales, sino de alguno o algunos de los servicios transferidos, que son todos. Es decir, se considera servicio a servicio para evaluar el cumplimiento del nivel mínimo. En la práctica no se hizo a pesar de las reiteradas denuncias del Partido Andalucista que yo mismo expresé insistentemente en sede parlamentaria.

En la otra disposición del Estatuto, la transitoria 6ª, se establecía que el método a seguir tendría en cuenta tanto los costes directos como los gastos de inversión suficientes para atender las necesidades de la Comunidad Andaluza con objeto de que alcance la cobertura media nacional. Y que durante el periodo transitorio contemplado en dicha disposición sería de aplicación las asignaciones complementarias prevista en la disposición adicional 2ª.

Por tanto, en el proceso de transferencias se tenía que haber negociado las asignaciones complementarias para Andalucía, para aquellos servicios que estaban por debajo de la cobertura media nacional. Pero no hubo negociación. En la Comisión Mixta negociadora del Estado y Andalucía estaba un solo partido, el PSOE que gobernaba en ambos niveles de la Administración.

Cuando en la etapa preautonómica accede Rafael Escuredo a la Presidencia de la Junta de Andalucía, ante la amenaza que para su hegemonía suponía la existencia y el discurso andalucista, asumió los símbolos de Andalucía, la figura de Blas Infante y la historia autonomista de Andalucía. Incluso se declaraba andalucista o nacionalista.

Vázquez Montalbán en algunos artículos periodísticos describía esta circunstancia diciendo que Rafael Escuredo había vampirizado el andalucismo. Escuredo fue el primer presidente autonómico de Andalucía. Dimitió en 1984, antes de terminar la primera legislatura. Se dice que era cuestionado en el seno de su organización política, pero en cualquier caso afianzó la imagen netamente andaluza del PSOE y parecía dejar sin espacio político al Partido Andalucista.

LA AUTONOMÍA ANDALUZA

Cuando en 1982, por primera vez, tomé posesión de mi escaño en el Parlamento andaluz portaba una desbordante ilusión que no dejaba lugar alguno al sentimiento de pesar por los escasos resultados obtenidos por mi formación política en esas primeras elecciones autonómicas. Sólo tres diputados conformaban el grupo parlamentario del partido que se había dejado la piel por la equiparación constitucional de Andalucía a las mal llamadas comunidades históricas. Pero la arquitectura autonómica estaba ya ahí, y la posibilidad de autonomía sin sustancia política, sin parlamento como se pretendía inicialmente, ya había quedado superada. Y en esa primera legislatura se construyó todo el edificio autonómico. Esto era en gran medida lo que alimentaba nuestra ilusión, al menos la mía. Era como un triunfo; la herramienta para cambiar Andalucía ya estaba creada.

¡Y era bastante! Desde entonces hasta hoy, poco más parece haberse conseguido. Después de ese primer momento estatuyente (constituyente) no existe dinámica propia en nuestra autonomía y, hasta hace poco, ni siquiera cambios en la correlación de fuerzas parlamentarias que propiciara la alternancia política en el gobierno. Andalucía mantuvo al PSOE en el poder autonómico 37 años. Era como una especie de letargo. El PP lleva ahora 5 años. Naturalmente, no hay que buscar razones externas, tenemos lo que queremos tener, lo que somos capaces de tener, ni más ni menos que en cualquier rincón del mundo.

Pero para entender bien aquel momento hay que enmarcarlo en lo que podríamos denominar «el contexto emocional» de la política de entonces. Nada tiene que ver con el de ahora. Y es lógico, estábamos todavía en la inercia de la transición democrática —la constitución de 1978, el intento de golpe militar de 23F en 1980, primeras elecciones autonómicas de 1982— en un clima político lleno de pasión y entrega que dista mucho del actual. Hoy los partidos políticos, mucho más profesionalizados, conforman una clase funcionarial de poder, con intereses propios, que deja poco margen para la generosidad y la entrega como entonces. Por eso, y puesto que la transición terminó, y con ella los riegos asociados a la misma, se reclama ahora una profunda reforma del sistema de partidos en España y con ella, también, una reforma electoral que corrija los vicios y defectos, cada día que pasa más evidentes.

Pero lo cierto es que en ese primer Parlamento de Andalucía entramos con una ilusión inembargable. Al menos fue mi caso. Y esa ilusión la paseamos itinerantemente por la ciudad de Sevilla donde, hasta su ubicación definitiva en el Hospital de las Cinco Llagas, tuvo el Parlamento otras tres salas de plenos más, y numerosas dependencias administrativas dispersas. Y es que la llegada de la Autonomía no estaba preparada. Y hasta cierto punto es lógico, pues no sabían si nuestra autonomía iba o no a tener Parlamento. Esta es una de las cosas que más denuncié, naturalmente sin éxito, en la etapa preautonómica. La preautonomía se justificaba por el carácter preparador de la autonomía, pero si en general era criticable su falta de previsión en cuanto a su infraestructura física y logística, para el Parlamento se tradujo en ignorancia total. Por eso iniciamos la andadura totalmente en precario. Pero todo eso fue superable en el trabajo que se desarrolló durante la legislatura.

Aquella actitud emocional no barruntaba el devenir posterior. Pensábamos que nos dotábamos de esa herramienta necesaria para superar nuestro atraso relativo. Algún gobernante afirmó que seriamos la California de Europa. Después vinieron las olas de las «modernizaciones». Todo resultó propaganda. Bajo la propaganda de la modernización los socialistas ocultaban en Andalucía el clientelismo, la corrupción, y la falta de dinamismo económico. Y la realidad actual descrita en todos los estudios e informes económicos de expertos es que seguimos en el furgón de cola de las regiones europeas. Se ha multiplicado la burocracia y no hay eficiencia en el gasto. Los catalanes lo resolvían exigiendo ventajas o mayor nivel de financiación que siempre consiguen por la vía de negociar un sistema de financiación autonómico que después se adapta y generaliza por ley para todos. Excepto para los vascos, que desde el principio consagraron su insolaridad obteniendo el privilegio del régimen foral o régimen de concierto. Que es el que ahora piden también los catalanes.

Esta dialéctica de privilegio-igualación entre las autonomías vasca y catalana, por un lado, y las del resto de las autonomías, encabezada por Andalucía en los primeros años de la democracia, es la que ha generado una dinámica infernal imposible de sostener porque no tiene final. No mientras la Constitución no cierre definitivamente el mapa de las autonomías, y la estabilidad del gobierno de España, cualquiera que sea su color, deje de depender de los vascos y catalanes. Así que, en ausencia de ello, lo más probable siempre será que se evite el «café para todos» aceptando, de una u otra forma, el privilegio de estos. Cuestión distinta es si estos aceptan el mero privilegio o lo que quieren es llegar hasta el final, el estado asociado o la independencia. Pero esto es harina de otro costal y los envites a la Constitución y la estabilidad democrática siguen su curso.

Esta experiencia acumulada desde esa primera emoción parlamentaria hasta esta preocupación actual, es lo que me incita a creer que ya hemos tocado fondo en España, y que conviene una reforma en profundidad de la arquitectura autonómica. Ciertamente, la necesidad de reforma no se agota en la organización territorial del Estado. También la división de poderes está en entredicho. La ciudadanía tiene una opinión, cada vez más deplorable, del Poder Judicial y del Tribunal Constitucional. Y cada vez es también más favorable a una reforma del sistema político y de la ley electoral. Pero como siempre los legisladores, es decir los partidos que conforman el sistema actual prefieren mantener el «status quo» en la creencia de que las reformas les harían perder poder o las ventajas actuales, sin reparar que la situación se puede hacer tan insostenible que finalmente acaben ellos pagándolo también.

De la experiencia de aquella primera legislatura guardo en general un buen recuerdo de mis relaciones con los demás diputados, de todos los grupos políticos. Estas siempre fueron respetuosas y afables a pesar de las diferencias políticas e ideológicas que existían, como en cualquier otro Parlamento. Pero la dureza de los enfrentamientos nunca se tradujo en enemistad. Eso fue lo que permitió una atmósfera de tolerancia personal que hoy no es fácil encontrar en este tipo de instituciones.

Andalucía luchó por su autonomía en pie de igualdad con las que serían reconocidas constitucionalmente como privilegiadas. De acuerdo con su lema y su himno, fue por si, pero fue también por España, porque la previsible desigualdad del Título VIII de la Constitución se quebró y se extendió lo conquistado a todas las autonomías españolas. Sin embargo, ahora en 2025 estamos en un tiempo nuevo, un cambio de época con visos de una nueva transición en la que podemos perder la posición de igualdad formal conquistada si no estamos atentos y si no reaccionamos a tiempo.

¿PERO CÓMO FUERON LAS INSTITUCIONES ANDALUZAS Y DÓNDE SE UBICARON?

El 30 de junio de 1982 se constituyó el primer Parlamento de Andalucía. Tuvo lugar en el recinto de los Reales Alcázares de Sevilla. La sesión se desarrolló en la Sala de los Tapices, nave septentrional del palacio gótico que fue restaurado después del terremoto de Lisboa de 1755 mediante una actuación tardobarroca. La entrada a las sesiones plenarias se hacía por el Patio de Banderas.

Al terminar las sesiones era frecuente ver a algunos parlamentarios dar un paseo por el barrio de Santa Cruz. Más de una vez coincidí allí con Julio Anguita, cuando además de alcalde de Córdoba era parlamentario andaluz en la primera legislatura. En el barrio de Santa Cruz, junto a los Reales Alcázares, se sitúa la antigua judería de la ciudad. Sus calles y callejuelas estrechas te ubican en cualquier ciudad islámica. Deambular por ellas es uno de los placeres más maravillosos de esta ciudad. Sus callejuelas a veces se abren dando lugar a reducidas plazas en su interior como la de Doña Elvira.

La plaza de doña Elvira, rodeada de naranjos, desprende el embriagante olor a azahar de las noches sevillanas en primavera. Con frecuencia me sentaba en uno de los bancos de azulejos de la plaza y una noche mágica escuché la música que un grupo de chicos hacían a altas horas de la noche, y allí la melodía de *Alfonsina y el mar* me sonaba de manera especial. Se dice que allí nació Inés de Ulloa, el amor de Don Juan Tenorio.

La primera sesión ordinaria del Parlamento andaluz también se celebró en los Reales Alcázares, y otras cuantas sesiones más. Y por mandato estatutario había que resolver el problema de la capitalidad de Andalucía. Pero nuevamente los grupos políticos reflejaban la conflictividad que generaba este asunto. La UCD planteó una alternativa consistente en posponer la solución para utilizar un procedimiento de consulta en Andalucía a través de los municipios. Su portavoz Muñiz lo justificó diciendo que es un tema de fondo que produce efectos disgregadores en los partidos políticos como ocurrió con Alianza Popular en Galicia. Y aseguraba que el PSOE temía que ocurriera esto dentro de su partido. Finalmente, UCD propicio la abstención en la decisión de fijar a Sevilla como sede del Gobierno y del Parlamento Andaluz.

Por su parte Hernández Mancha, portavoz de Alianza Popular, anunció libertad de voto a sus diputados, y lo justificó diciendo «Me parece muy fácil pedir incluso que haya ocho capitales para Andalucía porque seria la forma más fácil de darle satisfacción aparente a nuestro electorado. Por eso AP no quiere asumir beligerancia en este tema».

Los otros tres grupos, PSOE, PCE y PSA, pidieron el voto favorable para resolver el problema de acuerdo con el mandato estatutario en esa primera sesión ordinaria. Luis Uruñuela, entonces alcalde de Sevilla, interviniendo en nombre del grupo Andalucista pidió «evitar un contencioso sobre la capitalidad en un momento en que Andalucía necesita sobre todo unidad». Y remato su intervención señalando que «el centralismo no lo hacen ni una ciudad ni sus ciudadanos, el centralismo lo hacen los gobernantes».

La propuesta finalmente salió aprobada con 79 votos a favor, 4 en contra y 24 abstenciones. Solo 107 de los 109 diputados estuvieron presentes, y se les pidió el voto por llamamiento. Los 4 votos negativos fueron del grupo popular. El resto de este grupo se abstuvo al igual que el grupo centrista.

Sin embargo, el problema de la capitalidad seguiría vigente bastantes años después. En algunos sectores seguía existiendo la reivindicación de la división de Andalucía en dos autonomías, oriental y occidental. Incluso se reivindicó la autonomía uniprovincial de Málaga. Por ello hubo una constante crítica infundada al centralismo sevillano. Francisco de la Torre, que justo es reconocer que ha sido un excelente alcalde para Málaga a la que ha transformado de forma extraordinaria, ha sido uno de los más combativos en esta cuestión. Pero lo que hemos aprendido en nuestra experiencia democrática, tanto para Andalucía como para el Estado, es que el centralismo de la Administración puede ser sustituido por el centralismo de los partidos.

Más tarde, la sede del parlamento se trasladó en 1983 al Palacio de la Real Audiencia en la plaza de San Francisco. Edificio de origen medieval, pero con transformaciones posteriores al siglo XVI con estética renacentista. Este edificio sufrió un incendio en 1918 y fue precisamente Aníbal González quien llevo a cabo su última reforma. En esa plaza, centro de la ciudad, está también el Ayuntamiento, monumento de arquitectura plateresca.

En esta sede es donde se elaboró el mayor número de leyes de desarrollo estatutario y entre ellas la que tuvo más eco mediático fue La Ley de Reforma Agraria. Esta ley, cuya elaboración se inició en 1983, tuvo más una intención propagandística que de contribución a la mejora de un sector tan importante para Andalucía. Al día de hoy, el aprovechamiento de las sinergias entre agricultura y sistema agroalimentario sigue siendo uno de los desafíos del desarrollo andaluz para el Siglo XXI.

Ya en 1985 la sede plenaria del Parlamento de Andalucía se traslada a la Iglesia del Convento de San Hermenegildo en la plaza de la Concordia. La iglesia es lo único que se conserva de ese edificio que fue el colegio de los jesuitas construido a principios el siglo XVII. Después de la expulsión de los jesuitas en la segunda mitad del siglo XVIII el edificio tuvo diferentes usos. En 1823 fue sede de las Cortes Generales de España durante varios meses en el transcurso de la invasión napoleónica, convirtiendo a Sevilla en ese tiempo en el centro político de la nación. Ahora con el Parlamento de Andalucía volvía a convertirse en sede del parlamentarismo, si bien no de la nación, al menos de una parte de la misma.

Pero el edificio definitivo que albergaría la sede del Parlamento de Andalucía sería el antiguo Hospital de las Cinco Llagas ubicado en el barrio de la Macarena. Edificio construido en el siglo XVI en el que destaca su iglesia donde se celebran los plenos, con cruz latina y marcado carácter renacentista. El edificio funcionó como hospital hasta 1972 y estuvo abandonado hasta las reformas y restauración para convertirlo en el Parlamento de Andalucía, siendo inaugurado en 1992. En frente, ya en la ronda histórica, está la Basílica de la Macarena, donde reside la Hermandad que procesiona en Semana Santa la Virgen de la Macarena tan admirada en el mundo cofrade sevillano. En ella estaban los restos de Queipo de Llano, general sublevado contra la República en 1936, hasta que fueron exhumados y trasladados en 2022. Y muy cerca, al lado, en la calle San Luis, se encuentra la Iglesia de San Luis de los Franceses. Construida entre 1699 y 1731, es uno de los enclaves que mejor se conservan del Barroco en Sevilla. Combina elementos del barroco europeo y las formas tradicionales locales.

También la presidencia del gobierno conoció distintos emplazamientos. La ubicación de la presidencia del gobierno andaluz estuvo primero en la calle Monsalves y después en el Palacio de San Telmo.

El Palacio de Monsalves es un antiguo edificio reformado en 1909 por Aníbal González. En él vivió el hispanista ingles Richard Ford en el siglo XIX.

El Palacio de San Telmo es un edificio barroco construido durante los siglos XVII y XVIII que pasó a ser sede de la presidencia en el 1992. En el siglo XIX , fue habitado por el duque de Montpensier y la Infanta María Luisa, quien ya viuda donó a la ciudad en 1893 los jardines que hoy conocemos como el Parque de María Luisa. Es uno de los edificios más bellos de la ciudad, destacando su portada del siglo XVIII, de Leonardo de Figueroa.

Este camino itinerante de las principales instituciones autonómicas revelaba que la etapa preautonómica se había desarrollado sin responder al carácter preparador de la autonomía. Y a pesar de disponer Sevilla de numerosos edificios de propiedad de las distintas administraciones, central, provincial y local, en los que se podía haber hecho una labor preparatoria, nos encontramos inicialmente con un desorbitado gasto en alquileres para albergar las numerosas dependencias administrativas necesarias para el funcionamiento de la administración autonómica que nació en el 1982.

LA GESTIÓN ECONÓMICA DE LA JUNTA DE ANDALUCÍA

Cuando la Autonomía Andaluza inicia su singladura, lo hace enseñando la cara más frecuente en la gestión socialista. Sirva como botón de muestra del mal gasto de la administración naciente, las dos primeras leyes, que con carácter de urgencia mandó el Gobierno andaluz para la aprobación en el Parlamento recién constituido, fueron: una de emisión de deuda pública que le diera disponibilidad de recursos para gastar, y otra disponiendo donde gastar en un plan extraordinario de inversiones. Y lo justificaron descaradamente, según reza en la exposición de motivos de la ley y en el debate parlamentario de aprobación, para dar satisfacción a las expectativas de la población andaluza sobre la rápida actuación de la Junta de Andalucía en las comarcas deprimidas y para que se pudiera ver que no estaban para calentar sillones, según sus propias palabras en sede parlamentaria. Previamente el presidente y sus consejeros, en un viaje que organizaron e hicieron público, se habían paseado por innumerables pueblos realizando toda clase de promesas.

Durante el debate parlamentario, además de la critica económica al mismo, critiqué también esta forma de proceder que no consideraba seria y advertía que había que administrar los fondos públicos escrupulosamente y con racionalidad. Y les resumía finalmente la filosofía con que concebían el pomposo Plan Extraordinario de Inversiones con estas palabras: «Ustedes, señores del Gobierno, se plantearon que algo había que hacer para satisfacer las expectativas de la población al mismo tiempo que justificar que no estaban calentando sillones. Evaluaron la cuantía de lo que podían gastar, emitieron Deuda Pública, y se lanzaron a la carretera a buscar donde gastarlo; el Presidente a la cabeza de la expedición y... por donde paso yo pasa el Ángel de la Guarda». Rafael Escuredo, que no estaba interviniendo en el debate cuyo peso llevaba su Consejero de Economía, no encajó bien la crítica y subió al atril de oradores con visible enfado a replicarme con descalificación personal y con las siguientes palabras: «Yo no sé si soy un Ángel de la Guarda. Usted, en cualquier caso, no es el brillante líder andalucista que soñó cuando era joven». Desconozco que edad pensaba que tenia al decirme «cuando era joven». Yo entonces tenía 33 años, y aún me consideraba joven. Así que en mi réplica, como era a su intervención exclusivamente personal sin argumentos económicos, decidí recurrir como tantas veces a marcar diferencia y negarle su andalucismo. La réplica exacta fue esta: «Evidentemente, yo no soy líder andalucista ni pretendo serlo. Usted es el presidente del Consejo de Gobierno porque lo ha elegido la mayoría del pueblo andaluz, pero eso no significa ser andalucista». Él se manifestaba entonces además de socialista, como nacionalista andaluz. Quizás emulando a los socialistas catalanes que siempre han querido robarles la cartera a los nacionalistas.

Esta manera de planificar y gastar lo veríamos años más tarde con Zapatero de presidente en España, quien llevo a cabo el Plan E, siendo criticado incluso por el Tribunal de Cuentas por las numerosas irregularidades presentadas en su aplicación, y por las pérdidas en que incurrió calculadas en 7.800 millones de euros.

Pero la venta pública de las políticas del PSOE donde gobiernan, lo que ellos llaman el relato, son de una gran eficacia, dando la apariencia de que el envoltorio es más importante que lo que hay dentro. Esto ocurrió con la llamada Reforma Agraria tan anunciada por Rafael Escuredo y que despertó una atención extraordinaria en Andalucía. Aunque la misma se retrasó y se hizo ya durante la presidencia de José Rodríguez de la Borbolla, toda vez que Escuredo no había terminado la legislatura, pues había dimitido por las tensiones creadas entorno a las transferencias de competencias del IRYDA y del ICONA que no llegaban a Andalucía. Merece la pena detenerse en comentar tan esperanzadora ley para muchos andaluces.

El contexto en el que se llevó a efecto la aprobación de la Ley de Reforma Agraria era el de una economía, la española, en crisis desde 1973 y que la transición política había pospuesto su tratamiento y resolución por la conflictividad social que podría despertarse en el país justo cuando la prioridad era la construcción del marco democrático. Así ya en la década de los 80, con el gobierno socialista en España y también en Andalucía, se aborda la reconversión industrial cuyo objetivo era reindustrializar y recomponer el tejido industrial en las zonas más afectadas por la reconversión, dando respuesta de esta forma a la crisis. Obviamente Andalucía no estaba entre los ejes de actuación salvo alguna, exclusivamente de desmantelamiento, en la Bahía de Cádiz. El grueso de dichas actuaciones se centraban en la España Industrial, principalmente Bilbao, Barcelona y Madrid, aunque también hubo otras de menos calado en Vigo y Asturias.

A Andalucía, la tierra de más paro en España, se le ofertaba una reforma llamada pomposamente Reforma

Agraria. El Consejero de Agricultura alababa su proyecto al defenderlo en el parlamento porque ¡no iba a costar dinero!. En realidad sabían que no podían hacer gran cosa. El proyecto era innecesario porque su contenido coincidía plenamente con dos leyes que estaban en vigor y era un refrito de las mismas: la Ley franquista de Reforma y Desarrollo Agrario y la ley de UCD de Fincas Manifiestamente Mejorables. Solo presentaba una novedad: el impuesto de infrautilización de tierras que por si solo no justificaba la ley. Pero el efecto propagandístico fue extraordinario.

En el transcurso del debate, que por el Partido Andalucista corrió a cargo de Luis Uruñuela, le expusimos que la Reforma Agraria era imposible en tanto no se subsanara el problema de fondo consistente en la falta de competencias suficientes en el gobierno andaluz. Lo cómico del debate resultó ser la interrupción del mismo por el Consejero de Agricultura, Miguel Manaute, para hacer saber a los presentes que acababa de recibir un telex de Alfonso Guerra, Vicepresidente del Gobierno de España, en el que le decía que la Comisión Delegada del Gobierno de España para asuntos autonómicos había aprobado los decretos de transferencias del ICONA e IRYDA ese mismo día. Y que esos acuerdos iban a ser trasladados al Consejo de Ministros a celebrar el 4 de abril para su posterior publicación en el BOE. Como si el anuncio de las transferencias de estos organismos, que fueron causa de la dimisión de Rafael Escuredo, resolviera el problema de la competencia. Pero no era así. Cuando se redactó el Estatuto de Autonomía para Andalucía, se había introducido en el artículo 12 del mismo, en los objetivos, la Reforma Agraria, pero no en las competencias y ello fue debido al acuerdo de socialistas y comunistas. El Partido Andalucista había solicitado se incluyeran competencias para la Reforma

Agraria en el Estatuto de Andalucía por las condiciones específicas de Andalucía en el sector agrario que eran distintas del resto de España. Esta propuesta del PA fue rechazada por todos los grupos.

Con anterioridad al debate de la Reforma Agraria, se habían celebrado unas jornadas en Jerez a la que hizo alusión el Presidente del gobierno andaluz durante el debate. Seguramente sin advertir que en el Informe de tales jornadas el prestigioso jurista Bartolomé Clavero había dicho: « Ante la falta de competencia en materia civil, puede carecerse de instrumentos para una seria reforma agraria, para una reforma que constitucionalmente interese para alcanzar directamente a la propiedad y al régimen de disposición y aprovechamiento de la tierra. Una ley de reforma agraria andaluza puede con ello fácilmente resultar un fraude». Y añadía: «Cataluña en su Estatuto (artículo 9.2) asume competencias en el ámbito civil, análoga a las que gozara en la República, y con ello puede en su caso emprender una reforma agraria no superficial, mientras que lo propio no se produce en el supuesto de la autonomía andaluza». Es decir, Cataluña, la Comunidad Autónoma más caracterizada por el mayor nivel de industrialización tiene más competencias que Andalucía para realizar una reforma agraria.

En consecuencia el PA pedía competencias para Andalucía por vía de la Reforma del Estatuto para abordar una verdadera Reforma Agraria.

Además del problema de competencia, el proyecto del gobierno andaluz tenía un contenido que adolecía de lo que técnicamente, a la altura de 1984, podía ser considerado una reforma agraria. No se insertaba en un plan de vertebración y articulación de la economía andaluza. El proyecto nacía antes que un plan económico al que debería responder para ser eficaz. Por todo ello el PA se abstuvo en la votación parlamentaria que sometía a consideración el proyecto del gobierno, manifestando Luis Uruñuela que no queríamos colaborar en el fraude que los socialistas querían consagrar. Y calificó la presentación de esta reforma agraria como auténtica cortina de humo para ocultar que no estaban dispuestos a tomar medidas para ayudar a industrializar Andalucía. No era posible una enmienda a la totalidad si previamente no había competencias estatutaria porque sería reproducir el fraude en otra formación política.

El proyecto era una mitificación de una reivindicación secular del pueblo andaluz. Y por eso en el debate parlamentario y en la propaganda en los medios de comunicación utilizaron antecedentes históricos y presentaron su proyecto como continuación de las actuaciones en la Reforma Agraria de 1931, que en la República se atribuyeron socialistas y comunistas. Silenciaron que en el proceso de elaboración de la reforma agraria de la República participaron los andalucistas de entonces. Que en 1931 se designó la Comisión Técnica Agraria para la preparación de un Anteproyecto de Reforma Agraria, compuesta por ocho juristas entre los que estaba Blas Infante. Anteproyecto elogiado por cierto en nuestro tiempo por Tamames y Malefakis. Ese Anteproyecto de 1931 fue atacado por los socialistas en aquel tiempo. Entonces, socialistas y comunistas llegaron a un acuerdo que fue rechazado por Blas Infante. Por ello Blas Infante dimitió de la Comisión Técnica. Fue entonces cuando el PSOE le ofreció a Blas Infante el Ministerio de Agricultura con el objetivo de domeñarlo. Blas Infante no lo aceptó en consonancia con su integridad moral y política.

Rafael Escuredo dejó de ser Presidente en 1984, y los sucesivos gobiernos se embarcaron en sucesivos y numerosos planes y leyes que llamaron también pomposamente de «modernización de Andalucía», sin que esta tierra dejara de ser nunca el farolillo rojo en los indicadores económicos de bienestar en España. En 2022, Andalucía tenía un PIB per cápita 36% inferior a la media comunitaria, ya por detrás de Extremadura con un 35% inferior a dicha media comunitaria.

* * *

Finalmente la gestión económica del gobierno de Andalucía, que hasta 2019 no tuvo alternancia durante la larga etapa socialista, se vio envuelta en el escándalo de los ERE, que consistió en la administración de fondos para empresas en crisis entre los años 2001 y 2010.

Con los ERE se puso en evidencia el sistema clientelar con el que los socialistas estuvieron gobernando Andalucía durante más de 35 años; sin alternancia como manifestación de anomalía democrática. Andalucía tenía lo que se vino en denominar una «administración paralela» constituida por un gigantesco entramado institucional con una fiscalización muy débil o inexistente. En este entramado se residenciaban actuaciones opacas como las atribuidas a lo que ellos mismos llamaban «el fondo de reptiles». Expresión de la Andalucía clientelar, la Junta asumía los costes de los Expedientes de Regulación de Empleo beneficiando a las empresas afines a ellos, y beneficiando a militantes y allegados, con los fondos de los contribuyentes.

Se financió ilegalmente a UGT de Andalucía, se pagaron prejubilaciones fraudulentas a personas que nunca habían trabajado en las empresas afectadas, o se abonaron subvenciones a empresas que no habían presentado un ERE, e incluso a personas que no llegaron a crear ninguna empresa. Por ello algunos gobernantes andaluces fueron juzgados y condenados por malversación. Hasta que llegaron los ERE, el PSOE andaluz extendió su red clientelar funcionando como partido de prebendas generalizables que tuvieron la habilidad de hacerlo mostrándose como partido de principios. Con los ERE las cosas cambiaron porque los que recibían incentivos eran solo los suyos.

En Andalucía, y también en España quizás en menor medida, los presupuestos no se conciben como un elemento de política económica sino, como dice el catedrático de derecho constitucional Eloy García, en «un instrumento de reparto de prebendas y sinecuras entre potenciales electores y deudos que sostienen clientelarmente a los gobernados».

En Andalucía, recurrieron los condenados al Tribunal Constitucional. Y el pronunciamiento de este tribunal sobre los ERE ha hecho que los políticos queden inmunes al delito de prevaricación. Quien emite esta nueva sentencia, el Tribunal Constitucional, se convierte así en una tercera instancia judicial que la Constitución no le faculta. Al anular las sentencias a los encausados por los ERE el Tribunal Constitucional introduce un riego sistémico de impunidad y es contrario al derecho de la Unión Europea que atribuye una protección reforzada al delito de malversación. Por primera vez ha corregido sentencias de los tribunales de justicia. Y el PSOE a través del control del Tribunal Constitucional se está indultando a si mismo. Hay que tener en cuenta que el Tribunal Constitucional es un órgano de naturaleza política que no forma parte del poder judicial. No es un tribunal de casación ni una tercera instancia que juzga sentencias, sino un tribunal de garantías. Obviamente en esto, nuevamente, se hace sentir la propaganda socialista tergiversando la realidad con el relato que les interesa.

* * *

En fin, la autonomía andaluza venía desacreditándose en el transcurso de los años sin la efectiva contribución del gobierno andaluz a la necesaria modernización económica de Andalucía que no será posible sin resolver los déficits que arrastra nuestro tejido empresarial. Para ello había que promover e incentivar un cambio en las capacidades empresariales, directivas y organizativas, algo muy ajeno a las políticas clientelares que ha venido realizando la Junta de Andalucía desde su constitución. Al fomentar la dependencia de lo público se estaba socavando el espíritu emprendedor y la responsabilidad individual.

Ni siquiera las competencias educativas les han servido para favorecer el espíritu emprendedor en Andalucía. José Juan Navarro, director del Observatorio Internacional GEN en Andalucía, que viene realizando informes desde el 2003, al presentar recientemente el último informe anual sobre creación de empresas dice que « las valoraciones más bajas que obtiene Andalucía en los factores de su entorno que favorecen las iniciativas emprendedoras están relacionados con el capital humano, con la educación y el conocimiento. Andalucía obtiene la peor valoración en sus programas públicos de entre todas las Comunidades españolas y muy baja puntuación, por debajo de la admisible en materia educativa relacionada con la empresa».

Y aún más corrupción con los fondos destinados a la formación de los desempleados a fin de propiciar su inserción laboral. Es el conocido escandalo de la FAFFE (Fundación Andaluza Fondo de Formación y Empleo). Resultó ser un refugio de familiares, amigos y políticos del PSOE y sindicalistas de UGT y CCOO, donde se desarrollaba un entramado de contrataciones opacas, despilfarros y desvío de fondos, y no solo el hecho de la utilización de tarjetas bancarias del organismo para pagar prostíbulos a los que acudían algunos de sus dirigentes, aunque haya sido la información más destacada en prensa. FAFFE utilizaba dos vías de colocación de los allegados al PSOE: por un lado los enchufes directos en la fundación, y por otro la contratación de personas a través de empresas proveedoras a la que financiaban con subvenciones públicas para costear sus salarios.

LA FINANCIACIÓN AUTONÓMICA

Andalucía no converge con las regiones más avanzadas de España a pesar de que estamos en un país abierto con las mismas instituciones. Sabemos que a largo plazo el factor determinante para el crecimiento es la productividad, y en Andalucía tiene un comportamiento peor que el conjunto de España. Ello es debido, entre otros factores a la especialización productiva y al tamaño de las empresas. Pero también las políticas públicas clientelares la erosiona. No hemos tenido políticas adecuadas para crecer mejor.

Atrás quedaba la inusitada esperanza que despertó entre su población la movilización del 4 de diciembre de 1977. Y es que la autonomía andaluza no se puede reducir a la letra del Estatuto de Autonomía. Es la suma de tres capacidades: La capacidad jurídica, la capacidad de medios y la capacidad política. La capacidad jurídica es la autonomía formal contenida en la letra del Estatuto. Pero esta no será efectiva si no se dispone de los medios y recursos económicos adecuados que le den autonomía financiera. Y por supuesto necesita también de la libertad de decisión de quienes gobiernan nuestra comunidad, no mediatizada por otros intereses que es lo que le confiere capacidad política.

Ya hemos vistos que en referencia a los recurso económicos se ha establecido lo que podemos llamar el sistema LOFCA. Y que el criterio del «coste efectivo» en el momento de realizarse la transferencia, colocaba en una situación de ventaja a las Comunidades Autónomas que por un lado hubiesen recibidos competencias traspasadas en mejores condiciones de dotación de medios y de despliegue territorial de estos, y por otra parte que hubiesen negociado mejor el coste efectivo durante el proceso de cesión de competencias. Hemos visto que fue un proceso de lo desigual, en el sentido de que cederle la misma competencia a dos comunidades autónomas no supone transferirle algo equivalente. Si a esto unimos que los mecanismos de nivelación de servicios públicos no han funcionado en el pasado, la solidaridad interterritorial no ha tenido potencia efectiva. El otro mecanismo de solidaridad interterritorial, también presente en la LOFCA el FCI (Fondo de Compensación Interterritorial) , destinado a nivelar las diferencias de renta y desarrollo económico, igualmente ha carecido de potencia efectiva.

La LOFCA se ha ido reformando a lo largo del tiempo, a veces corrigiendo defectos, pero siempre con este trasfondo de insuficiente solidaridad interterritorial.

Desde el primer acuerdo de financiación autonómica en 1986 hasta el último de 2009 se han realizado cinco acuerdos de las autonomías con el gobierno de España. Lo característico de estos acuerdos era que previamente eran pactados entre PSOE y PP puesto que ambos gobernaban las autonomías. Pero también era acordado con los nacionalistas catalanes. El último de 2009 fue pactado entre Pedro Solbes, entonces ministro de economía, y Antoni Castell consejero de Hacienda de la Generalitat de ese periodo. En esta última revisión, con Zapatero en la presidencia, se utilizó como base el año 2009 que fue muy atípico porque fue el año de la Gran Recesión. La recaudación cayó mucho en todas partes, pero aún más en las autonomías que como Andalucía son dependientes del turismo. Y las diferencias se trasladó al sistema.

Desde entonces Andalucía ha estado infrafinanciada en más de 1.500 millones de euros anuales. Y el 80% de la deuda de Andalucía ha sido generada mientras era consejera de Hacienda en la Junta de Andalucía, la actual ministra de Hacienda en el gobierno de España y candidata a presidir la futura Junta de Andalucía.

Desde 2009, y a pesar de que la financiación autonómica debe ser reformada cada 5 años, no se ha intentado un nuevo pacto de financiación autonómica. No es posible hacerlo por la falta de acuerdos de los partidos estatales y por la impugnación que hacen los nacionalistas catalanes de los flujos redistributivos interregionales. Es el fin de la lealtad constitucional y de la solidaridad regional.

Pero el colmo lo tenemos ahora con la demanda de los nacionalistas catalanes, para descolgarse del sistema general del conjunto del Estado, del que paradójicamente tanto se benefician, y desentenderse de la solidaridad interterritorial, para desde una posición de privilegio acentuar las desigualdades. Es lo que vienen en definir eufemísticamente financiación singular de Cataluña. Esta reclamación se apoya en dos pilares: en la recaudación íntegra de todos los impuestos, y en la condonación de deuda. En otras palabras, del retroceso en la solidaridad regional se quiere pasar a la eliminación de los mecanismos que la hacen posible. El PSC con Salvador Illa a la cabeza y el apoyo de Pedro Sánchez, que sobrevive por los nacionalistas catalanes, están en ello. Felipe González ya ha respondido a ello: «Para establecer la financiación singular que ha ofrecido el Gobierno a la Generalitat habría que cambiar la LOFCA y la Constitución», subrayando que ante todo debe ser justa.

Parece necesario subrayar la necesidad de cerrar la organización territorial del Estado, delimitando las competencias autonómicas y estableciendo un sistema de financiación de éstas que, partiendo de un trato igualitario para todos, establezca un ámbito de decisiones propias que les obligue a responsabilizarse ante sus ciudadanos por la gestión que desarrollan sus gobiernos.

Mientras ese cierre se produce hay que denunciar que Andalucía ha venido sufriendo la penalización que ha supuesto primero un sistema transitorio de financiación que consagraba la desigual prestación de los servicios del Estado en la que estábamos en peor situación, y después la infravaloración de las transferencias. A lo anterior hay que añadir la no aplicación de los mecanismos compensatorios establecidos en el Estatuto andaluz y, por supuesto, tuvimos que pagar las consecuencias de la indefensión de Andalucía por carecer de un poder político propio en las negociaciones para ponderar las variables socioeconómicas que servían para determinar el porcentaje de participación definitivo de ésta. Esto último siempre era pactado con Cataluña para después determinar el del resto de las autonomías. Cómo empezaron estos problemas los expliqué en el libro que me publicó la Fundación Universitaria de Jerez titulado *Andalucía: Autonomía y Subdesarrollo.*

LOS APOYOS DE LOS GOBIERNOS DE ANDALUCÍA

La Autonomía andaluza vino a reproducir el esquema de la administración del Estado, con sus vicios y defectos, que el informe de García de Enterría en los comienzos autonómicos desaconsejaba. En el transcurso del desarrollo autonómico, el Partido Andalucista se incorporó al Gobierno andaluz durante la presidencia de Manuel Chaves en la legislatura de 1996 y se mantuvo en el gobierno de coalición durante la legislatura del 2000. Ocupó cargos de la administración andaluza, pero su presencia en el gobierno andaluz no cambió en nada la dinámica autonómica ni aportó nada a la misma. Se limitó a ocupar la proporción de cargos que le correspondía en el reparto, al formar parte del gobierno. Su presencia en el poder autonómico fue el fin de una presencia política destacada en Andalucía. Su desaparición política empezó entonces ya sin posibilidades de recuperación futura.

* * *

Al calor de la crisis de representación política del bipartidismo político, Ciudadanos entró en el Parlamento andaluz. En 2015, con 9 diputados, apoyó la formación del gobierno andaluz manteniendo a los socialistas, que eran quienes habían obtenidos más votos sin llegar a la mayoría absoluta, y este fue el argumento que utilizaron para dar estabilidad. Pero su apoyo no se tradujo en nada. En 2018 incrementaron su representación a 21 escaños y formaron un gobierno de coalición con el Partido Popular. Se dio por fin la alternancia en Andalucía que venía resistiéndose desde el inicio de la autonomía, corrigiéndose así una anomalía democrática.

En principio todo gobierno de coalición sirve para extremar los controles y vigilancia sobre la gestión pública y por ello alejar el fantasma de la corrupción de la que fue preso el PSOE. Pero la formación de ese gobierno se realizó con un acuerdo que presentaron como necesario para un cambio de rumbo histórico en Andalucía. En ese acuerdo que constaba de varios ejes, enfatizaron en la regeneración democrática, y lo presentaron como el eje más importante, en línea con lo que venían predicando para el conjunto del Estado. Andalucía, al ser la primera donde Ciudadanos entró a gobernar, podría haber sido un espejo a imitar por otras administraciones. Pero no se vio nada de ello. Ni se intentó suprimir los aforamientos, ni cambiar la ley electoral andaluza, ni se ha restringido el sistema de libre designación de cargos, ni se ha generalizado el sistema de concurso de méritos para la provisión de puestos de trabajo en la Administración; aún se siguen repartiendo por cuotas los puestos del Tribunal de Cuentas de Andalucía y un sinfín de cosas más.

Aunque hay que reconocer que la labor del Consejero de Economía, Rogelio Velasco, independiente, nombrado por Ciudadanos, se tomó en serio el adelgazamiento de la administración paralela, e hizo un buen trabajo en el redimensionamiento de la Administración andaluza. Ello era insuficiente para lo que se esperaba de Ciudadanos.

En las siguientes elecciones, Ciudadanos perdió la representación parlamentaria y, como en el resto del Estado, iniciaron el camino de su desaparición. Y mientras tanto, el PSOE es incapaz de superar el escenario de fin de régimen en Andalucía.

No obstante, el actual presidente de la Junta de Andalucía, Juan Manuel Moreno, reivindica la vía andaluza como modelo para España. ¿En que consistirá? Lo que no debemos permitir los andaluces es que Andalucía, después de tantos años de Autonomía, quede relegada a un parque de atracciones turísticas.

UN APUNTE FINAL SOBRE ESPAÑA

Gran parte de la acción de los nacionalistas se sustenta en atacar a España como país imposible. Y, como dice Felix Ovejero, levantan un relato sobre un falso axioma, según el cual España es una anomalía constitucionalmente antidemocrática. España es una ficción para ellos. En todo caso un Estado sin nación.

Salvando las distancias, esto que hacen ahora es en gran medida una cierta imitación de los países que en nuestra historia pasada utilizaron la leyenda negra para atacar el imperio español, atribuyéndole características negativas a la obra española en Hispanoamérica. Y los antisistema en el gobierno de España utilizan también una dialéctica similar. Como nos recuerda Alicia Delibes, el sentimiento sustituye al conocimiento porque las emociones se transmiten mejor que la verdad científica o la historia. La consecuencia de todo ello es que no se fortalece el sentimiento de identidad española.

El patrón hispanófobo que siguen los nacionalistas en España es idéntico al que utilizaban los países que tenían la leyenda negra como herramienta para eliminar la lengua y cultura de Hispanoamérica.

La obsesiva referencia a la conquista, con deliberada ignorancia de los trescientos años posteriores, sigue siendo un terreno fértil para los gobernantes de los países hispanoamericanos, al mismo tiempo que nostálgicamente imaginan una edad de oro originaria antes de la conquista. La arcadia indígena malograda por la conquista española. Es la holística del mejor populismo.

Vargas Llosa sostiene que, gracias a la llegada de los españoles, Hispanoamérica pasó a formar parte de la cultura occidental y a ser heredera de Grecia, Roma, Renacimiento y el Siglo de Oro. Y es que mientras otros imperios colonizaban, España hispanizaba.

El imperio español al igual que el romano en su época, implantó instituciones, fábricas o universidades, a diferencia de otros que se limitaban a saquear. Lo que el colonialismo en el mundo produjo de malo fue que en los territorios y poblaciones donde operaban los habitantes originarios eran súbditos o ciudadanos de segunda. Pero este no fue el caso de España. La población de los territorios americanos pasaba a ser ciudadanos de España. Las leyes de Indias, inspiradas en el humanismo de Francisco de Victoria y la Escuela de Salamanca salvó a las comunidades indígenas. Con las Leyes de Indias se establece un corpus jurídico por el que se concede un cierto autogobierno a los indios donde se les prohibió las prácticas aberrantes. El objetivo principal fue evitar los abusos de los españoles a los nativos ya que no siempre se cumplían las leyes.

La autonomía y lenta asimilación vía mestizaje de la Monarquía Hispana no tiene nada que ver con el exterminio o las reservas de la América inglesa. El imperio español no solo no aniquiló a la población sino que mantuvo muchas de las estructuras prehispánicas.

Por otra parte, los populistas denuncian el pasado colonialista como una vindicación de carácter nacionalista consistente en derechos de propiedad colectivo o en la vinculación de un grupo humano étnicamente diferenciable sobre un territorio. Y así el indigenismo hispanoamericano es un arma arrojadiza contra las democracias liberales utilizada por los populistas anticapitalistas. Recurren pues, a un victimismo etnicista con la finalidad de construir un enemigo exterior que tribalice el voto. Estos movimientos etnonacionalistas son la coartada de quienes tienen proyectos totalitarios. No digieren las palabras de Octavio Paz al afirmar que «odiar a España es odiarnos a nosotros mismos».

La importación que hacen los populistas españoles de los argumentos que emplean los gobernantes sudamericanos, en gran parte obtenidos de la leyenda negra sobre España, contribuye a las difíciles relaciones con los países hispanoamericanos. La leyenda negra creó un abismo de incomprensión entre culturas hermanas y horadó el sentimiento español al perder conciencia los españoles de los profundos lazos que nos unía resultado del mestizaje, la cultura y la historia compartida.

Y es que estamos ante hispanos que son españoles en su identidad profunda, pues deriva de nuestra historia. Es por ello que la inmigración que en España proviene del continente americano tiene tanta facilidad de integración entre nosotros. A diferencia de la que proviene de África o del Este europeo.

Muchos españoles se avergüenzan de su pasado, aunque no se identifiquen con proyecto alguno para España. La historiadora Carmen Iglesias dice que no sabemos quiénes somos si no conocemos América. Y aclara que nosotros no colonizamos nunca. Y nos explica que los españoles a diferencia de ingleses y franceses llevaron a América lo que tenían: la lengua, la religión, las costumbres, las leyes, fundaron ciudades en el interior. La singularidad de España en esta relación es el mestizaje. España exportó la civilización grecolatina y cristiana a todo un nuevo mundo.

Promover el acercamiento de España y los países americanos pasa por superar esa versión reduccionista que entiende como colonia la relación de estos países durante

300 años de vida en común bajo la monarquía hispánica. Lo cual no implica que no haya que tener una visión crítica y reconocer los excesos que pudieran producirse en la colosal obra hispana. Ni tampoco caer en una leyenda rosa.

Todavía tenemos entre nosotros, y algunos están en el gobierno, gente que cree en la leyenda negra. Se entiende como «legenda negra» toda aquella propaganda creada desde el siglo XVI por Inglaterra y Holanda para desacreditar, disminuir o combatir la influencia de quien como rival comercial era el mayor beneficiario, casi absoluto, tras la conquista del Nuevo mundo.

Pero como algunos han señalado ya, América no es sólo hispana, sino también negra, asiática, judía, árabe, y europea. La impropiamente denominada Latinoamérica en vez de Hispanoamérica, es universal por sus migraciones y mezclas. Y como España, su lugar está en Occidente. Pero lo hispano está quedando reducido para denominar a los pobres espaldas mojadas que cruzan Rio Grande.

No obstante, debiéramos evitar caer en lo que ahora llaman el panhispanismo que vuelve a pensar el mundo en términos de civilizaciones, más cerca conceptualmente de intelectuales como Samuel Huntington, con la pretensión de entender el destino de España como una vuelta a sus relaciones con los países americanos de habla hispana antes que pertenecer al proyecto europeo. Ello no opta para reconocer que el reciente acuerdo de la Unión Europea con Mercosur es una buena noticia económica y geopolítica para el mundo hispano.

En cualquier caso, a finales del siglo pasado, la historiografía sobre España ha sufrido un cambio importante al mismo tiempo que implantamos las autonomías, que tiene lugar la explosión de los nacionalismos, y que nos integramos en la Unión Europea. En Europa se produce una revalorización de los Austrias, y centran el fallo de la monarquía hispánica en la defensa del catolicismo. El fallo sería por ello de carácter ideológico-político y no de técnica administrativa homologable a los otros países de su época.

Podemos ver en la leyenda negra española, como desinformación que es de la historia, en términos actuales la fake news de mayor dimensión e impacto multisecular. Y ha constituido y constituye un fenómeno reputacional. Pero tiene también un efecto interno político al dificultar el fortalecimiento del sentimiento de identidad de lo español.

Recordemos que cuando se constituyen las nuevas repúblicas americanas desmembradas de la Monarquía hispánica a principios del siglo XIX, en ellas sólo un tercio de la población hablaba español. Fue la necesidad que tenían de una lengua común lo que hizo que el español se convirtiera en lengua oficial, evitando así la fragmentación lingüística. Han sido pues las necesidades comunicativas las que han hecho del español la segunda lengua hablada en el mundo.

EL SUEÑO EUROPEO

La cultura democrática española, quizás más parecida a otros países mediterráneos, es mucho más débil que la de los países nórdicos de la Unión Europea. En nuestros homólogos nórdicos hay una mayor exigencia a los políticos entre los que hay mayor número de expertos que se precian de ser imparciales. También la propaganda se ve limitada por un mayor respeto a la verdad factual. En cualquier caso la Unión Europea es una esperanza para muchos españoles.

Pero ¿dónde ve Europa su lugar en un mundo multipolar en rápido desarrollo? ¿Se encuentra Europa en una encrucijada de identidad? ¿Quedará reducida a un infierno fiscal y regulatorio? ¿Está Europa ya en una zona marginal del mundo? Ya en el año 1991, el Ministro belga de Exteriores, Mark Eyskens decía que Europa es un gigante económico, un enano político, y un gusano militar. Tiene mucho que avanzar si antes no se deshace. El papel global de Europa solo será posible si es independiente, segura y competitiva. De lo que estamos lejos de momento. Y de acuerdo con Macron el futuro de Europa no debe decidirse en Washington ni en Moscú.

En un mundo crecientemente globalizado al que hay que adaptarse, el nacionalismo, fragmentador por naturaleza, constituye un factor distorsionador para superar los estrechos marcos competitivos de los estados europeos.

Fruto de las necesidades de integración de los países europeos tuvo lugar el proyecto de Unión Europea que es tanto más necesario a la luz de la dinámica globalizadora. Un proyecto que, como España, Andalucía necesita también, aunque no hayamos sido capaces de aprovechar, hasta ahora, las posibilidades de convergencia con nuestros socios europeos más avanzados; y ello a pesar de los fondos que la Unión Europea ha transferido desde nuestra integración. Aquí es donde resulta más fácil la crítica al proyecto europeo por la promesa incumplida de desarrollar la convergencia europea de manera eficaz. Por esta razón cabe preguntarse si existe relación alguna entre el crecimiento populista de la extrema derecha y la creciente divergencia económica de los miembros de la eurozona.

Desde 1986, Andalucía ha recibido de la Unión Europea alrededor de 100.000 millones de distintos fondos destinados al desarrollo regional. Pero no se ha logrado el objetivo de convergencia. En lo que va de siglo ha perdido 7 puntos porcentuales puesto que su renta per cápita ha pasado del 67,7% del año 2000, al 60,7% del año 2022. Esta divergencia se produce porque los fondos no han tenido una aplicación adecuada para el desarrollo regional.

La cohesión económica y social en la Unión Europea se introdujo ya en el 1986 en el Acta Única. Y siempre se ha esgrimido en los debates parlamentarios como un problema porque no funciona adecuadamente. Y como argumento siempre hemos empleado que la vocación europeísta no justificaba que el precio de la convergencia nominal sea la no convergencia real. Precio desigualmente repartido en España.

Este debate surgió de nuevo en el contexto de una comparecencia de Felipe González en la sesión plenaria del Congreso de los Diputados, el 17 de diciembre de 1991, para informar de la cumbre europea de Maastricht. Ese mismo día yo tuve mi primera intervención en el Congreso. Y puse énfasis en este problema que afectaba y sigue afectando especialmente a Andalucía. Máxime cuando de la cumbre de Maastricht el presidente de gobierno, señalé yo en mi intervención, traía el compromiso político de un fuerte ajuste de la economía española para engancharse a la moneda europea sin mecanismo reales de cohesión económica y social por su falta de potencia equilibradora.

Otros intervinientes también abundaron, con más o menos énfasis y desde diversos puntos de vistas, en el problema de la cohesión económico-social. Felipe González, tras expresar que esto ya se había incorporado en el acuerdo de Luxemburgo y que él juzgaba insuficiente, nos comunicó que él estaba obligado a ser muy prudente en sus manifestaciones parlamentarias porque circulaban rápidamente por todos los países europeos. E hizo la siguiente reflexión:

«De la misma manera, ahora me cuesta trabajo decir algo que, sin embargo, creo que se debe entender. Imaginemos que la construcción europea no contiene un capítulo de cohesión económico-social. ¿Es que estamos dispuestos a abandonar la construcción europea como país? ¿Es que nos convendría abandonarla? Todo el mundo llegaría a la conclusión de que no, incluso si no hubiera cohesión económico-social. Es que es bastante importante la apreciación. ¿Por qué? Porque las políticas de convergencia —y se ha dicho desde esta tribuna, y coincido— son políticas que, en todo caso, dentro o fuera del proceso de construcción comunitaria, hay que hacer, tanto las que llamamos nominales, que son condición necesaria, como las que pretendemos reales, que serían la condición suficiente para estar satisfechos del desarrollo de las políticas económico-sociales. Lo que pasa es que no quiero decirlo con mucho énfasis, no vayan a creer que estoy restando importancia a las políticas de solidaridad. Tienen la importancia que tienen, pero desde luego no van a resolver los problemas de un país como España; es decir, nunca va a haber una transferencia neta de recursos, como ocurre en el caso griego, de cinco o seis puntos de producto bruto. Nunca va a haber esa transferencia; si no hay dimensión para hacer esa transferencia. Ni siquiera en los países con una fortísima estructura federal, o con una muy desarrollada estructura federal, se dan transferencias de esa naturaleza. Por tanto, no es de ahí de donde viene la solución al desafío».

Reconozco que me sorprendió en ese momento lo que dijo, absorto como estábamos en la defensa de la cohesión y la convergencia. Pues en cualquier caso no podíamos renunciar a la construcción europea. No hay más que ver lo que pasó años más tardes con Grecia cuando gobernaba Alexis Tsipras. Felipe González, en este caso, encaró el problema hablando claro, sin ocultarse, y ahora creo que hizo bien. Pero al igual que España tiene que hacer desde dentro sus deberes para propiciar la convergencia en su territorio, también los andaluces tenemos nuestra responsabilidad en la realización de un esfuerzo que nos haga salir del atraso. De ahí que la labor de un poder autonómico, que se esfuerce en ayudar a elevar el potencial endógeno de Andalucía, se revela absolutamente necesaria. Y por eso una estructura federal de nuestro Estado es un marco institucional que puede contribuir a ello.

En su conjunto España necesita recuperar la senda de convergencia hacia las economías más avanzadas, pero requiere mucho acierto en las inversiones actuales de los fondos Next Generation. Depende en gran medida de cómo son utilizados esos fondos, y para ello hay que abandonar la concepción del poder como botín. Hay que tener en cuenta que, a partir de la crisis de 2008, la productividad crece de manera anómala debido a la expulsión de mano de obra como mecanismo de ajuste. Y a partir de 2013 crece por debajo de la media europea a pesar de que los países desarrollados avanzados tienen la mitad de población, con estudios educativos medios, de los que tiene España y Andalucía. En Andalucía, todavía peor, la productividad media por hora es un 12% inferior a la media nacional.

Entre 2013 y 2023 la productividad en Europa se incrementó el 5,9% mientras que en España se incrementó en el 0,7%. Si acotamos el periodo de 2018 a 2023, periodo de gobierno de Pedro Sánchez, la productividad por ocupado ha descendido en España un 1,9% mientras que en Europa ha crecido 1,3%. Con estas condiciones no es de extrañar, que la renta per cápita en España con respecto a la Unión Europea, que venía creciendo con anterioridad, cambie de rumbo y empiece a decrecer. En 2018, la renta per cápita española con respecto a UE era del 92,5%, mientras que en 2023 había bajado al 89,2%. Pone en evidencia que el crecimiento español, además de ser cortoplacista, se impulsa, en gran parte, por el crecimiento de la población, pero con perdida de prosperidad.

No parece que el gobierno español acierte en la gestión de los fondos europeos, que mayoritariamente ha asignado al sector público.

LOS DESAFÍOS DE LA UNIÓN EUROPEA

Los trastornos de la globalización, el cambio climático, la crisis migratoria, la autonomía estratégica, la Inteligencia Artificial, el desempleo y la desigualdad, la seguridad y defensa, entre otros, son desafíos a los que la Unión Europea tiene dificultades políticas para hacerles frente. ¿Cómo puede mantenerse en pie la Unión ante tales desafíos? Desafíos que requieren combinar el conocimiento experto con el apoyo público. A lo que hay que añadir el final de la política americana en relación a la Unión Europea. Si el péndulo político americano es determinante para el resto del planeta, lo es también, muy particularmente, para la Unión Europa. Por eso ahora que Europa está sola y no cuenta con los Estados Unidos, necesita acelerar su construcción dotándose de más y mejores instrumentos de gobierno, defensa y política exterior.

La Unión Europea se apoyaba en tres soportes básicos que se han esfumado: el acceso a energía barata de Rusia, que ha resultado para Europa una vulnerabilidad crítica, el mercado chino al que se vendía productos (y donde se fabricaba a precios bajos), y Estados Unidos, hoy en retirada, con el paraguas de la OTAN como protección.

La agresión rusa a Ucrania, en febrero de 2022, hizo añicos la creencia alemana consistente en favorecer la dependencia mutua en materia energética con Rusia como forma de garantizar la paz. Y al apoyar Trump a Rusia en Naciones Unidas, e interrumpir la asistencia a Ucrania, al mismo tiempo que conmina a la Unión Europea a hacerse cargo de su propia defensa, sitúa a la Unión Europea ante la necesidad de coger las riendas de su propio destino.

* * *

Al ganar las elecciones en Estados Unidos, Donald Trump tendrá lo que los americanos llaman un «gobierno unificado» donde estarán ausente los necesarios controles y equilibrios, al tener garantizado el margen de maniobra necesario para aprobar leyes en las dos cámaras. Los únicos precedentes los tiene con Roosevelt que se enfrentó a la Gran Depresión, y con Obama, en los primeros años de su mandato, que aprovechó para sacar adelante su reforma sanitaria, el Obamacare.

La victoria de Trump en las últimas elecciones americanas, y como consecuencia su futuro gobierno, tiene implicaciones anunciadas para la Unión Europea. Principalmente en tres líneas importantes. La primera seria el proteccionismo americano que amenaza a las economías exportadoras de Unión Europea. La segunda línea sería la posición americana sobre la OTAN que afecta a la ya débil seguridad europea. Y la tercera parece que va a profundizar el debilitamiento endógeno de la Unidad Europea alentando nacionalismos afines como el de Orbán. Trump no quiere una Europa unida. Busca la manera de dar un golpe mortal a la voluntad de la UE de ser una potencia relevante, para que quede en Estados fragmentados que se vean obligados a aceptar el vasallaje americano, que para ellos sería preferible antes que caer como satélites de Rusia o China. La debilidad y fragmentación de Europa interesa tanto a Trump como a Putin. Para Trump Europa interesa como un mercado sometido, y para Putin la seguridad del flanco Oeste de Rusia requiere una Europa dividida. Por esta razón, Ucrania debe ser sacrificada y Europa contenida en su pretensión de expansión al Este.

* * *

Hasta ahora la Unión Europea ha sido incapaz de ejercer liderazgo alguno en el escenario internacional y ha dependido de los Estados Unidos. Pero los americanos nos venían advirtiendo que esto no iba a continuar así. La prioridad estratégica de USA está en el Indo-Pacífico donde rivaliza con China. Los americanos querrán que los europeos asuman como propios sus objetivos en su rivalidad con China. De ello dependerá la relación transatlántica. Ello comporta cuestionar paralelamente la OTAN porque, como dice Mira Milosevich, Washington solo está interesado en una OTAN que mantenga su liderazgo mundial ante la emergente China o la expansión de Rusia. Y afirma: «La OTAN será global o no será».

Parece evidente que más allá de la OTAN no hay capacidad de defensa y seguridad creíble para Europa. Encerrada como está, entre Rusia que avanza de forma agresiva y unos Estados Unidos que se retiran de forma radical, Europa tendrá que responsabilizarse más de su propia defensa. Esto implica que se acabó el sistema por el que Europa en general, y España en particular, mantenían un gasto en defensa mínimo al delegar su seguridad en los americanos. Pero el aumento del gasto militar se traducirá en ineficiencia y despilfarro sin coordinación entre los Estados miembros. Debe contar con un mando militar y una estrategia de defensa integrada. Lo resume Josep Borrell advirtiendo que «Europa no puede ser una potencia económica sin ser también una potencia militar».

Después de la segunda guerra mundial, los países europeos vivieron bajo el paraguas defensivo de los Estados Unidos, liberando sus presupuestos de esos gastos militares que pudieron destinar a incrementar el Estado del Bienestar. Ganamos bienestar dependiendo de los Estados Unidos. Es posible que ahora se invierta la ecuación de manera que tengamos que sacrificar bienestar para conservar las libertades.

Europa es hoy un escenario donde la democracia está en pugna con la autocracia por su triunfo. No podrá sostener sus libertades civiles, sus libertades políticas y el Estado de derecho sin una capacidad de defensa apoyada en una industria militar. En geopolítica, cuando un actor se va, otro ocupa su lugar. Y la Unión Europea está sola. Está obligada a tomar el mando de su propia seguridad.

Por todo ello es necesario seguir profundizando en la integración europea. Europa tiene que aprender a defenderse con menos América. Y quizás Trump obligue a Europa, de la que ha dicho que se creó para fastidiar a los Estados Unidos, a salir de su autocomplacencia. Y no podemos engañarnos, además de hacer frente a la guerra de Ucrania para que este país salga adelante, revitalizar el modelo europeo y hacerlo atractivo requiere hacer frente antes que a nada a los problemas sociales y económicos que padece: sanidad, vivienda, educación, seguridad ciudadana.

LA CONSTRUCCIÓN EUROPEA

La integración europea supuso un estímulo reformista. Pero el mayor revés que tuvo la construcción europea fue la no aprobación de la Constitución europea por todos sus estados miembros, ya que fue rechazada por Francia y Dinamarca. Soy de los que creen que el futuro de la Unión Europea pasa por más integración financiera y fiscal, como del mercado único. Pero también parece clara la necesidad de reformar los tratados para que la gobernanza europea no sea bloqueada por países aislados.

Pero ¿es posible mayor integración sin desarrollar una identidad política europea que genere una solidaridad continental y que mueva a los europeos a un proyecto colectivo cada vez más ambicioso? Al menos se me antoja como necesario también desde la realidad española, pues el Estado español sería cauce institucional para vivir y desarrollar la identidad europea permitiendo que ésta sea compatible con la otra que cada cual, afectivamente, hace suya como identidad nacional donde quiera que viva dentro de España. La identidad europea no tendría que rivalizar con la otra identidad nacional que cada uno tenga afectivamente por su origen. El objetivo sería que «ningún europeo pueda sentirse enteramente exiliado en ningún lugar de Europa» parafraseando la máxima de Edmund Burke.

Pero el camino de construcción europea es lento y plagado de dificultades que paradójicamente es lo que le obliga a avanzar en ese proceso. Un proceso que se mueve entre la necesidad de ampliación y a su vez la necesidad de profundizar en su andamiaje interno. Ambos van caminando en paralelo a los acontecimientos que se van produciendo. Y afecta no solamente a la toma de decisiones y a las instituciones de la casa común, sino que también habría que definir las nuevas políticas claves de la Unión y los recursos de que va a disponer. Europa ha perdido el pulso tecnológico y el pulso económico que mantenía con los Estados Unidos y China. Y el impacto de la tecnología va más allá de lo ideológico, porque la misma tecnología construye realidad.

La Unión Europea no tiene una política exterior común. Los países miembros siguen funcionando mediante acuerdos bilaterales. Y Europa ya no está en el centro del mundo donde va perdiendo peso relativo. Tiene que adaptarse a este nuevo mundo que se va a configurar. Bien es verdad que la esperanza no se pierde puesto que parece que los avances de la Unión Europea siempre se producen con las crisis como ya nos dijo uno de sus pioneros, Jean Monnet. Y en crisis estamos también con la vuelta de la guerra a terreno europeo y sin una política de defensa común.

En el año 2022 se produjo una gran sacudida geoestratégica en nuestro continente. La invasión de Ucrania emprendida por Vladímir Putin el 24 de febrero señaló el fin del periodo que había comenzado con la caída del Muro de Berlín, el 9 de noviembre de 1989. Rusia es, y será después de la próxima ampliación, el vecino más importante de la Unión. Por ello, para no caer en la inestabilidad, aumentar la zona de seguridad y progreso debe ser el objetivo geopolítico de la ampliación. Y por esta razón la ampliación constituye un medio de política exterior que obliga a plantearse los términos de la defensa y la cooperación en la relación con Rusia. Hay que tener en cuenta también que Estados Unidos ya no es el policía del mundo. Y aún así Europa demanda liderazgo y apoyo militar a los Estados Unidos para hacer frente a la situación ante el déficit de sus capacidades.

El ex canciller alemán Scholz habló de un cambio de época. Pero su política no respondía a esta declaración. El liderazgo de Europa ahora depende del cambio producido en Alemania, es decir de Mertz, que quizás se produzca empujada por la necesidad de adaptación en estos nuevos tiempos que corren. Y ciertamente estamos en los años constituyentes de una nueva era cuyo nombre y carácter aún desconocemos.

En política, como en las relaciones, los comienzos son importantes. Los primeros años posteriores a 1945 sentaron los parámetros esenciales de un orden europeo que duró décadas, igual que los años inmediatamente posteriores a 1989. Pero el orden actual basado en las reglas y el comercio está mutando hacia otro orden centrado en el poder y la seguridad. Las consideraciones de seguridad nacional tenían poco papel en las decisiones económicas del mundo de ayer donde vivíamos en estabilidad geopolítica. Hoy los desequilibrios geopolíticos y el deterioro de la estabilidad de ayer exige un enfoque distinto en sectores industriales estratégicos como la industria de defensa.

Todo esto se hace más evidente cuando ya es notorio que se ha materializado la traición de Trump a Europa. Porque la defensa de Ucrania es también la defensa de Europa. De líder de las democracias, Estados Unidos ha tornado a principal aliado de las dictaduras. Y pretende poner fin a la guerra de Ucrania reivindicando al agresor y culpando a la víctima por no rendirse. Dramáticas resultan las imágenes de Zelenski con Trump en la Casa Blanca, abroncado abiertamente ante la prensa del mundo y llamando a Zelenski dictador. Han sido censuradas por el Wall Street

Journal en su artículo titulado *El espectáculo de la Oficina Oval*. Al mismo tiempo Trump ha exhibido sin reparos, en la ONU, el apoyo a Rusia. Entiende su poder militar como un negocio de protección a utilizar según convenga a sus intereses. Con él, llegó también el populismo a la Casa Blanca. La diferencia entre lo público y lo privado se desvanece y aparece su perfil patrimonialista. La dinámica será, como siempre, deterioro de la separación de poderes e incremento de la corrupción. Es la hora de los depredadores que dice Victoria Carvajal, porque comienza a abrirse paso un nuevo orden mundial en el que los países fuertes impondrán sus condiciones a los débiles.

* * *

¿Puede la Unión Europea, una comunidad política democrática y respetuosa con las leyes, formada por 27 países muy diferentes y sin ninguno hegemónico, mantenerse unida y cumplir sus promesas? Y ¿será posible cuando se amplíe próximamente hasta los 36 países dada la debilidad institucional que tiene?

Es la *Paradoja de Copenhague* que nos describe Belén Becerril Atencia, para quien el cumplimiento de los valores en los que se basa la Unión estaba sujeto a control regular solamente hasta el momento en el que se producía la adhesión de los distintos países. Después, una vez integrados ya no se efectuaba dicho control. Pero esta situación comenzó a cambiar tras la caída del Muro de Berlín debido a la inminente ampliación de la Unión a los países de Europa central y oriental, que tenían una corta trayectoria democrática. Muchos sostienen que la Unión cuenta con instrumentos jurídicos y capacidad política para poner límites a la deriva de los gobiernos que, como ahora el español, con temeridad, ha socavado gravemente la autoridad del poder judicial y burlado la división de poderes. Está por ver si disponen también de voluntad para aplicar dichas capacidades. La clave radica en que el sistema de controles y contrapesos (lo que los ingleses llaman *checks and balances*) no solo se establezca en cualquier instancia de poder —principalmente en el poder político—, sino que se vigile que no se debilite y que funcione, para evitar derivas autoritarias.

En general la Unión Europea es vista por muchos como un espacio de perfeccionamiento de los Estados nacionales que la integran. Pero no siempre podemos estar seguros de ello, también atiende a sus componendas como hemos vistos en su papel mediador en España en los acuerdos del PSOE y el PP sobre el poder judicial. La Comisión Europea ha amparado una elección de vocales del Consejo General del Poder Judicial de España que, adolece de los mismos vicios de siempre, de reparto partidista al margen del Congreso de los Diputados, y por ello, de acuerdo con los criterios de la propia Comisión y el Consejo de Europa, no respeta las exigencias de la independencia judicial que tiene como criterio que al menos la mitad de los miembros sea elegida por los propios jueces para no vulnerar dichas exigencias. Y se ha llevado a cabo bajo la amenaza de Sánchez de destruir definitivamente la separación de poderes, aplazando al futuro la despolitización de la justicia. Todo ello ante la mediación europea.

¿ESTÁ SURGIENDO UN NOSOTROS EUROPEO? ¿UNA IDENTIDAD POLÍTICA EUROPEA?

No podemos ignorar que las fuerzas nacionalistas actúan como palancas con efectos disgregadores de la Unión. Por eso el historiador británico Orlando Figes, defensor de la cultura europea, ve indispensable, si queremos que Europa sobreviva, decidir lo que significa ser europeo, señalar lo que nos une, la historia común, los valores comunes. Sólo así seremos más que la suma de nuestras partes. Para sobrevivir unida, Europa necesita una identidad política y ser algo más que un destino turístico o un mercado. Hay que acabar con la imagen de una Unión Europea producto de las tendencias globales y aparecer como un sujeto que construye la historia del mundo por derecho propio.

Ya hubo en el Siglo XIX europeo un proceso globalizador de la cultura superando las barreras del nacionalismo y facilitando el surgimiento de un verdadero canon europeo de obras artísticas, musicales y literarias. Nos lo cuenta Orlando Figes en su libro *Los europeos* a través de la vida de tres personas que estuvieron en el centro del intercambio cultural europeo. Se trata de Pauline Viardot, su marido Louis Viardot, y el literato ruso Iván Turguénev. Pauline Viardot era una cantante de opera mezzosoprano cuyo nombre de soltera era Paulina García. Sevillana, hija del también cantante de opera sevillano Manuel García. Y, en su género, fue la más famosa y conocida de la época. En sus casas de Paris y de Baden-Baden conoció y organizó encuentros con compositores y músicos como Berlioz, Brahms, Schumann, Chopin o Liszt, autores como Dostoyevski, Flaubert, Dickens, Victor Hugo, pintores como Delacroix y otros muchos más. Ese fermento cosmopolita fraguó tradiciones artísticas que llegaron a dominar la cultura mundial.

¿Está surgiendo un «nosotros europeos»? La psicoanalista Julia Kristeva nos dice que «la cultura europea puede ser la avenida central que logre conducir a las naciones del continente hasta una Europa Federal». Y que ello comporta la condición de una identidad plural del ciudadano europeo que evite el conflicto con otras identidades, al mismo tiempo que el espacio plurilingüe de Europa invita a los ciudadanos a convertirse en políglotas. Todo ello obliga a respetar más aún las diferencias.

Pero el egoísmo de los estados nacionales sigue vivo y es contrario al deseo que tenemos de una Europa políticamente eficaz. Cada país expone sus propios problemas nacionales y carecen de una perspectiva común fruto de una mentalidad cooperativa. De hecho, las elecciones europeas se afrontan desde las perspectivas nacionales y por ello la opinión pública de la Unión Europea se forma exclusivamente dentro de las fronteras nacionales. Es más, la implementación real de muchas políticas de la Unión Europea no es posible porque deja su puesta en práctica en manos de los países miembros.

PROFUNDIZAR EN LA UNIÓN EUROPEA

El peligro de la Unión Europea es generar expectativas que nunca llegan a cumplirse. Y ahora vive un momento crucial donde se ha hecho descarnadamente visible las dos concepciones de Europa: Una nacionalista e intergubernamental y otra más federal y supranacional. El futuro no está escrito.

Históricamente, los obstáculos para la Unión solo se han ido superando en situaciones de extrema necesidad. Quizás ahora nos veamos obligados a un nuevo empuje puesto que la guerra de Ucrania ha puesto en evidencia la necesidad de una política exterior y de defensa común, y las migraciones demandan también una política común de asilo; y los problemas de suministro, bien por casos como la pandemia sufrida o bien por problemas bélicos como los del mar Rojo, exigen una política comercial europea común. Al igual que es también de interés estratégico reforzar el papel internacional del euro para absorber el ahorro mundial. Pero ni siquiera en el mercado único, piedra angular del proyecto europeo, se avanza lo suficiente. Nos dice el informe de Letta de la propia Unión Europea que tres sectores que son estratégicos para el futuro europeo en competencia como el de la energía, el de telecomunicaciones y el de los mercados financieros no constituyen mercados únicos europeos. En general Letta nos alerta de que Europa no capitaliza su tamaño y que aqueja un síndrome crónico de fragmentación a todos los niveles. Y coincidiendo con él, Draghi piensa que en la Unión Europea hay que proceder a la voladura de la captura regulatoria, rentista y competencial sobre la que sigue estructurada su economía a base de «taifas». Y es evidente, Europa necesita escala y recursos financieros. Las dependencias europeas terminan convirtiéndose en vulnerabilidades.

En definitiva, tanto Draghi como Letta, en sus respectivos informes, nos presenta la fragmentación de las políticas y mercados en la Unión Europea como un freno a la competitividad, y apuntan por un europeísmo integrador que permita que los Estados miembros utilicen de forma óptima sus recursos. Draghi ha llegado a afirmar que las barreras internas y los obstáculos regulatorios resultan más perjudiciales que cualquier arancel de los Estados Unidos.

La Unión Europea no es un Estado Supranacional, sino una unión de Estados miembros, aunque estos Estados ya no sean los Estados-Nación al estilo ochocentista. Sí, una Unión en un proceso de continua transformación. Pero ello hace que la representación democrática necesite adaptarse a estas transformaciones, haciéndose cada vez más amplia y de mayor calidad. Y los cambios que se han producido en el mundo desde que se creó la Unión Europea exigen a ésta nuevos objetivos, y evidencia la necesidad de nuevas herramientas. Un conocedor del mundo institucional europeo, Mario Draghi, ha dicho que en la Unión Europea los mecanismos de toma de decisiones y su capacidad financiera se diseñaron para el mundo de ayer. Es pues necesario un nuevo impulso que quizás se produzca después de las elecciones europeas que hemos vivido en 2024. Pero no hay que esperar todo de la Unión Europea por parte de los países que la componen. El esfuerzo interno también es necesario si no queremos retroceder. No hay más que ver que antes de la crisis económica, en 2007, la renta media española suponía el 103% de la europea. Pasábamos ya a ser contribuyente neto. Pero hemos ido para atrás, porque en 2022 había caído ya hasta al 84,4%, convirtiéndonos de nuevo en receptores de ayuda financiera.

En definitiva, el éxito de la Unión Europea depende de que los europeos nos identifiquemos con ella. Para ello hay que hacer compatible este mosaico de culturas que somos con un proyecto de civilización que va mas allá de las culturas locales. Y asumir que marcadores de identidad europeo lo constituyen ya la configuración de la Unión Europea como espacio de paz que nos da seguridad, como espacio de libertad frente a totalitarismo, y como espacio de bienestar y seguridad social que conjuró el fantasma de la revolución y mitigó el conflicto social.

Hay que vencer la incapacidad de la Unión Europea para construir una alternativa política con capacidad de influencia que descargue a Estados Unidos de su condición de gendarme internacional. Quien mejor ha expresado lo que los europeos esperan de su unión ha sido Draghi en su último informe al decir: «Los valores fundamentales de Europa son la prosperidad, la equidad, la libertad, la paz, y la democracia en un entorno sostenible. La UE existe para garantizar que los europeos puedan beneficiarse de estos derechos fundamentales. Si Europa ya no puede proporcionarlos a sus ciudadanos o tiene que contraponerlos unos a otros habrá perdido su razón de ser».

Estamos por ello en un momento existencial de la Unión Europea. Sin embargo, algunos han visto las palabras de Draghi exageradas y sorprendentes y ven su informe, sujeto a interpretaciones diversas, como una invitación a reincidir en el intervencionismo que lastra la economía europea. Es el caso de Benito Arruñada para quien «ese modelo sacrifica la libertad en aras de la equidad y la inclusión social y, ambas, ahora, en el flamante altar de la sostenibilidad». Y ello es posible ante una creciente burocracia de una Europa que padece un eterno déficit democrático. Eso le lleva a decir a Arruñada que «la eurocracia sigue sin apreciar que el mercado es el coordinador por excelencia y que funciona de manera descentralizada». Europa aún constituye un sueño común.

NO SOMOS NADA EN UN MUNDO GLOBALIZADO

Los acontecimientos en España se producían al mismo tiempo que se aceleraba la globalización. Y, paralelamente, todas las democracias en el mundo han sufrido una erosión institucional muy grande.

La globalización se refiere a la interdependencia a distancias intercontinentales. Y ha hecho el mundo más pequeño y mejor comunicado. Pero las identidades quieren espacios aún más reducidos y aislados del resto, donde cualquier pequeña diferencia de los habitantes de ese espacio en relación a los demás es utilizada para significar que no todos somos iguales.

A la Unión Europea le interesa que los mercados sigan abiertos porque obtiene beneficios de la globalización. No hay más que tener en cuenta que el 44% del PIB de la Unión Europea lo constituye la exportación de bienes y servicios; en el 2022 llegó al 47%. Y según la Organización Mundial del Comercio las exportaciones europeas suponen el 13% del total mundial; y la de servicios no turísticos el 33% del total mundial. Es evidente que a la Unión Europea le interesa que el creciente proteccionismo en el mundo se frene, y que el mercado se abra más con nuevos acuerdos como los de Mercosur. Pero mercados abiertos exigen también producción competitiva. Y la competitividad depende de la productividad, que en Europa está estancada; de la innovación que no avanza por su reducido gasto en I+D+i; y de los costes asociados a la regulación que han adquirido niveles alarmantes en Europa.

* * *

El capitalismo global ha creado más prosperidad que nunca en los últimos años. Pero en el seno de las sociedades avanzadas muchos ciudadanos piensan que ha ido a parar a manos equivocadas por que no ha recaído en ellos. Ha beneficiado principalmente a la población asiática que vivía en la miseria.

Hay datos elocuentes de este mejoramiento de la población mundial, como los que nos ofrece Johan Norberg en su último libro *El Manifiesto Capitalista.* La esperanza de vida en el mundo ha pasado de 64 a 73 años. La proporción de niños que mueren antes de cumplir cinco años ha caído del 9,3% al 3,7%. Y la pobreza extrema que en el año 2000 superaba el 84% es hoy del 29%. Lo que ocurre es que el mundo se transforma relocalizando actividades económicas y por ello causando perjuicios a la población que las pierde. Y aunque para el conjunto de la humanidad sea bueno que mejore las cosas, los perjudicados son invadidos por el miedo y buscan chivos expiatorios.

* * *

En las sociedades avanzadas los populistas culpan a la globalización de las pérdidas industriales y empleos nacionales. Ignoran deliberadamente que gran parte de este problema es resultado también de la automatización y el progreso económico. Para los soberanistas, contrarios a la globalización, resulta más fácil culpar al extranjero que a las nuevas tecnologías o a las máquinas. Utilizar a los inmigrantes culpabilizándolos del cambio disruptivo a corto plazo porque resulta fácil y no se ve lo bueno que puede resultar para la economía a largo plazo.

* * *

El mundo, con la caída del muro de Berlín en 1989, y con ello el final de la guerra fría, parecía configurarse de forma unipolar. Por ello muchos creían que la democracia liberal tendría un desarrollo asegurado asumiendo "el fin de la historia" de Francis Fukuyama. La consolidación y extensión de la democracia aparecía como una vía de sentido único. Pero la crisis, después de un intenso periodo de crecimiento global, dio alas al populismo.

Existe una tensión entre la creciente globalización en el mundo y los Estados que están sustentados por la nación como sujeto político. Esta tensión, en muchas ocasiones, rompe impidiendo que la ciudadanía se mantenga libre, dando lugar a regímenes dictatoriales o democracias iliberales.

Dani Rodrik , economista y Premio Princesa de Asturias, en *La paradoja de la globalización*, sostiene su teoría del trilema expresando que no podemos tener democracia, globalización y soberanía nacional al mismo tiempo por ser mutuamente excluyentes. De la tensión entre estas tres cosas, nos dice, solo son posibles dos ya que la globalización va acompañada necesariamente de tensiones muy graves que afecta a los equilibrios sociales y políticos locales. Y esto es fácilmente aprovechable por el populismo.

Después en una entrevista en *política&prosa*, matizó y aclaró lo que quería decir en *La paradoja de la globalización* de la siguiente manera:

«Distingo entre híper-globalización y globalización. Híper-globalización implica tratar las regulaciones y políticas domésticas como barreras al comercio, porque crean discontinuidades jurisdiccionales o costes de transacción. Después de 1990 se ha empezado a pensar en políticas e instituciones domésticas, y no sólo en cosas que pasan en la frontera, como barreras al comercio. Empezamos a dar por supuesto que había que eliminar cualquier barrera a la globalización, aunque fueran políticas nacionales democráticamente elegidas, como las políticas industriales, impositivas y otras. La libre circulación del capital pasó a ser la norma y no la excepción, reduciéndose el espacio para que los diferentes Estados hicieran sus políticas por medios democráticos y adaptándose a las condiciones locales. Lo que tengo en la cabeza es que los Estados tengan más espacio para políticas industriales, fiscales, monetarias. Que los países puedan elegir sus arreglos institucionales. No hago un llamamiento a una reducción del comercio y las inversiones internacionales. Pero un sistema menos híper-globalizado en realidad puede promover más el volumen del comercio y la inversión internacional. Esta era la lección de la era de Bretton Woods.»

Pero como la crisis económica iniciada en el 2008 era internacional, aparece una fuerte corriente aislacionista, que pone en peligro los éxitos económicos logrados con el comercio internacional. Y mientras que en los años noventa, la integración económica y financiera global, se veía que no tenía límites, 2008 dio paso a las primeras manifestaciones que daban por terminada la globalización. Ya los beneficios de la globalización empezaron a ponerse en duda en amplias capas de la población.

Joseph E. Stiglitz nos describe lo que sucedía:

«Entre las respuestas que se produjeron para estos problemas figuran «repatriar» la producción o «instalarla en países confiables», e implementar políticas industriales destinadas a aumentar las capacidades de producción

> de los países. Atrás quedaron aquellos días en que todos parecían estar trabajando para un mundo sin fronteras; de repente, todos reconocen que por lo menos algunas fronteras nacionales son esenciales para el desarrollo económico y la seguridad».

Los movimientos que entienden la soberanía en términos aislacionistas suelen recurrir a un nacionalismo exacerbado. Esto fue aprovechado por los sectores no competitivos de la economía que se vieron amenazados por la concurrencia internacional y presionaron a los gobiernos para que pusieran fin a las políticas librecambistas. La globalización también alimenta los miedos nacionales, regionales e incluso de clase por miedo a los cambios que trae consigo y que son aprovechados por los populistas.

Lo peor de todo es que esa voluntad de retornar al aislacionismo haya afectado a países que se distinguieron en la reconstrucción de la cooperación internacional: el Reino Unido (con el *Brexit*) y Estados Unidos (con Trump). Con la globalización, parecía que las organizaciones multilaterales y las corporaciones mundiales estaban eclipsando a las naciones-Estado.

La globalización hizo que los mercados funcionaran mejor. Y los beneficios de la misma se traducen en forma de menos precios para todos, debido a la mayor eficiencia de la cadena de valor, por la especialización comparativa de los países. Pero los responsables de las políticas perdieron de vista sus consecuencias distributivas adversas. Muchos países, y regiones en el interior de los países, quedaron rezagados, lo que produjo una sensación generalizada de marginalización y aislamiento en dichos territorios. Lo cierto es que la globalización ha generado en el tránsito al siglo XXI una enorme desigualdad social. Pero a pesar de sus inconvenientes, la globalización ha permitido a muchos países salir de la pobreza y beneficiarse de la especialización y las economías de escala. Por ello, cierto es también que la globalización, en lo que respecta a los flujos comerciales, continuará.

* * *

Para Mohamed A. El-Erian parece mucho más probable que estemos ingresando en una era de globalización fragmentada caracterizada por la sustitución, no por la negación. Como bien dice «la globalización se ha estado produciendo desde los orígenes de la humanidad. Las sociedades humanas han utilizado dos formas indispensables de organización social para sobrevivir: la económica, que siempre ha establecido qué recursos producir (o simplemente tomar de la naturaleza) y cómo distribuirlos en la comunidad; y la política, que se ha ocupado de establecer reglas de convivencia y de imponer premios y sanciones para los que cumplan o incumplan esas reglas».

Adam Smith nos enseñó que la riqueza de las naciones consiste en fomentar el libre comercio, en la producción e intercambio de bienes y no en la acumulación de tesoros. Puede que la globalización no muera, pero nunca volverá a ser la misma, tal como la hemos conocido.

La desglobalización ya no es posible en un mundo tan interconectado e interdependiente en el ámbito comercial. Por ello no nos estamos adentrando pues en una era de desglobalización, sino en una era de bloques comerciales globales. Lo que ha cambiado con el Brexit, la pandemia y la guerra en Ucrania es que el modelo globalizador ha quebrado. De modo que todo el mundo necesita un nuevo modelo económico. Y no se trata de la política macroeconómica. Se trata de en qué se especializa uno como país. ¿En qué consistirán estos nuevos modelos de negocio? Lo que parece claro es que todos ellos estarán sujetos a la seguridad de la cadena de suministro puesto que ya no queremos depender unos de otros totalmente.

La geopolítica iría ahora en una dirección contraria a la globalización, hacia un mundo dominado por dos o tres grandes bloques comerciales. Y las rivalidades económicas se mezclan con las rivalidades políticas por el dominio.

Para los rusos la hegemonía occidental ha terminado y la inestabilidad resultante es el resultado de una competición entre visiones incompatibles del futuro. Y los chinos entre otros Estados están en esta consideración. Para ellos la promoción de un nuevo orden multipolar supone la búsqueda de un mundo estructurado en esferas de influencia centrada en Estados con culturas políticas distintas, no necesariamente democráticas. Con este enfoque se pretende paliar la influencia mundial de Estados Unidos y consolidar otras esferas regionales de influjo.

En cualquier caso, ya nadie sustenta la teoría de la globalización como impulsora de la convergencia cultural mundial en torno a los valores liberales occidentales. Y aunque sólo la democracia y el liberalismo se basan en el respeto a la dignidad de cada persona, no son universalmente aceptados. Los valores occidentales no son los valores del mundo. La optimista visión de Fukuyama del fin de la Historia como democracia global no parece posible. En oposición a esta tesis Samuel Huntington sostiene su teoría del choque de civilizaciones.

Para Slavoj Zizek los conflictos étnico-religiosos son la forma de lucha que conviene al capitalismo global: «en esta era de post-política, cuando la política se va sustituyendo por una experta administración social, la única fuente legítima de conflicto que queda son las tensiones culturales (étnicas, religiosas). Por ello, el actual aumento de violencia irracional se debería entender como estrictamente correlativo a la despolitización de nuestras sociedades, es decir a la desaparición de una adecuada dimensión política, a su traducción en diferentes niveles de administración de los asuntos sociales.

Si aceptamos esta tesis sobre el choque de civilizaciones (o de formas de vida), el capitalismo global de hoy ya no puede permitirse una visión positiva de la humanidad emancipada, ni siquiera como sueño ideológico. El universalismo democrático-liberal fukuyamista fracasó por sus propias limitaciones y sus incongruencias inmanentes, y el populismo es el síntoma de este fracaso, su enfermedad de Huntington. Pero la solución no es populismo nacionalista, ni de derechas ni de izquierdas. La solución es un nuevo universalismo, lo exigen los problemas a los que se enfrenta hoy en día la humanidad, desde amenazas medioambientales a la crisis de los refugiados».

Porque, además de la globalización económica, existen otros tipos de interdependencias global: militar, ecológica, sanitaria, etc. Pero ocurre que mientras existe un movimiento antiglobalización en lo económico, precisamente donde el mundo tiene éxito, fracasa la acción globalizadora donde lo necesita. Por ejemplo en el control del cambio climático. Aquí resulta un fracaso.

* * *

Estos problemas a los que se enfrenta hoy la humanidad cuestionan las bases de lo que habíamos llamado «el progreso», y sobre las que se construyó la modernidad. Creíamos que la naturaleza era inagotable y que podíamos transformarla sin límites. Pues el progreso lo era en cuanto a dominio sobre la naturaleza. Pero la hemos agotado con un modelo de crecimiento que ahora tiene que tocar a su fin porque tiene efectos nocivos de muy diversa índole como el calentamiento global y el cambio climático.

Constituye el primer riesgo global. Por tanto, tenemos que buscar una nueva forma de relacionarnos con nuestro entorno. La Tierra no puede ser el contenedor que absorbe las consecuencias de nuestra actividad productiva.

Es interesante por ello el libro de Manuel Arias Maldonado titulado: *Antropoceno. La política en la era humana.* Nos explica en él como hemos pasado de la era del Holoceno, bajo cuyas benévolas condiciones climáticas ha prosperado la humanidad, a la era del Antropoceno caracterizada por la transformación humana de los sistemas planetarios. Aunque la institución líder en geología a nivel mundial rechaza este término, el Antropoceno formaría parte de una supermodernidad caracterizada, además de por la producción y el consumo a gran escala por su capacidad destructiva. La humanidad se ha convertido en una fuerza geológica global.

Es obvio que a este desafío debe responder la política, puesto que, como nos advierte Raghuram G. Rajan, a pesar de que actualmente no podamos ponernos de acuerdo sobre un plan de acción climática global, aún debemos preservar los fundamentos para la cooperación. No puede haber una acción climática eficaz sin una globalización continua. Pero los problemas globales que requieren soluciones globales no pueden abordarse porque no existe el multilateralismo en las instituciones mundiales. Estamos en un mundo multipolar, pero sin multilateralismo. Ocurre además que los efectos negativos de la actividad económica para el medio ambiente son a muy largo plazo, mientras que los gobiernos y legisladores permanecen a muy corto plazo. Bajo estas condiciones de temporalidad los políticos con poder ni se plantean esta problemática.

Algunos economistas cuestionan el PIB de las naciones como medida errónea del progreso porque no tiene en cuenta la depreciación del capital. Patha Dasgupta, premio Fronteras del Conocimiento de la Fundación BBVA, dice que el PIB es la ruta para el poder de una nación en el mundo, y se pregunta cuánto puede crecer la población del planeta dado que el resto de recursos son finitos. Nos dice que se puede tener un PIB que crece gracias a minar o degradar la naturaleza. Y añade como ejemplo lo que ocurre con la pesca; te pueden decir cuanto dinero genera la pesca porque eso va dentro del PIB, pero no la cantidad de pesca que queda.

De otra parte, Andrés Ortega nos señala la segunda ruptura de la idea tradicional del progreso, que responde a la revolución en comunicaciones y datos, y en general a la digitalización: «El progreso estuvo muy ligado a la explosión de los medios (prensa primero, radio y televisión). Ahora estamos en una situación de fin de la separación no ya entre la información y la desinformación (tema viejo, aunque ahora exacerbado por la hipercomunicación), sino entre lo real y lo virtual». (¿Es en parte una vuelta a Platón con el mito de la caverna?).

La era en que la globalización era liderada por Occidente se ha acabado, y el centro de gravedad de la economía global se ha desplazado a Asia. El orden mundial que nació tras la segunda guerra mundial en 1945 está roto. Se ha producido una redistribución del poder global que ha hecho saltar por los aires las reglas del orden internacional liberal y las tensiones que se acumulan en el mundo no nos enseñan aún el resultado que va a producir este momento de transición hegemónica.

Con la victoria de Donald Trump en los Estados Unidos se produce un choque tectónico en el proceso de cambio del orden mundial. Cuestiona también la fortaleza de las ideas liberales en Occidente. Y la pregunta será: ¿Son los Estados Unidos fortaleza de la libertad? Nuevamente estamos en ese momento político, los populistas en el poder, que algunos juzgan como paso obligado para que nazca algo mejor. Es la teoría schumpeteriana, la destrucción creativa, aplicada a la política, que interpreta el resultado de las elecciones americanas como una forma de desalojar del poder a una clase dirigente fracasada para poder recrear la nación bajo un nuevo marco que sirva mejor a los ciudadanos. Sin embargo, esto no está carente de riesgos. Es el caso actual con Trump, para quien la razón es de quien tiene la fuerza, y por ello amenaza a los que han sido sus amigos y se muestra servil con quienes han sido sus enemigos. Desde esta perspectiva quien tiene el poder, las grandes potencias, encuentran un comportamiento natural en sus pretensiones de lograr expansión territorial. Como Rusia en el caso de Ucrania, o Estados Unidos con Canadá o Groenlandia, o China con Taiwán. Es el poder desnudo como argumento que observa Felix Ovejero de Trump. No necesita decorar sus acciones ideológicamente, ni principios que decoren sus intereses.

Todo orden internacional se basa en una distribución estable del poder entre los Estados, en instituciones compartidas, y en normas que influyen en la conducta de los Estados y la legitiman. Puede estar sujeto a cambios graduales. Pero cuando la potencia hegemónica produce cambios radicales ese orden se acaba. Estaríamos ahora con Trump ante otra caída cíclica del orden internacional. Renuncia voluntariamente a ser árbitro global. Ya no quiere liderar el sistema internacional, sino redefinir su posición en él conservando su músculo económico y militar.

* * *

Con este panorama globalizador, vive la sociedad española paralizada en luchas internas de poder sin proyecto alguno ante los retos futuros.

Y desde nuestro rincón local, en la historia reciente, ajenos al lema de Andalucía que figura en su escudo y en su himno: «Andalucía por si, por España y la Humanidad», el aislamiento del Partido Andalucista no le permitía ver en su día la dinámica de interdependencia global que en el caso de España estaba también influida por el proceso de unidad de los países europeos. Y no tuvo reflexión ni posicionamiento alguno ante ello. Es más, a finales de los 70 y a principios de la década de los 80 del siglo pasado, las únicas relaciones internacionales que tenía eran con Libia, dirigida por Gadafi, y con Irán que dirigía el ayatolá Jomeini. Ello estaba muy en línea con la radicalidad del partido y era a su vez manifestación del desenfoque del mismo. Ya en los 90 esto se fue diluyendo y desapareciendo paulatinamente.

EPÍLOGO

Como advierte el nobel Daron Acemoglu, la democracia prospera cuando entrega resultados reales y ayuda a la gente a cumplir sus aspiraciones. En la práctica esto implica promover la prosperidad económica, la seguridad, la justicia, una gobernanza competente y la estabilidad. El telón de fondo sería la calidad de la estructura institucional como factor determinante del progreso económico.

En España, vivimos con esperanza la promesa democrática de la Transición, consistente en construir una democracia liberal, pero hemos terminados hoy embargados por la preocupación actual que nos produce vernos en la deriva hacia una democracia iliberal.

En la incipiente democracia, los partidos políticos estuvieron exclusivamente preocupados en la ocupación de parcelas de poder, olvidando el desarrollo de un marco institucional que nos condujera a una democracia de calidad.

Paralelamente, vivimos la paradoja de asumir el impulso reformista, consecuencia de nuestra integración en un proyecto político superador del nacionalismo español, la Unión Europea, al mismo tiempo que la gobernanza en España se apoya en los nacionalismos regionales que propician la desintegración del espacio cívico común español. Y en este proceso gastamos nuestras energías internas ajenos a las necesidades que en la actualidad nos exige un mundo en transformación.

En la Transición, la Constitución que nos dimos ya asumía asimetrías organizativas y financieras en las autonomías del Estado español. Fruto de ello se produjo el agravio comparativo y como consecuencia la emergencia del nacionalismo andaluz. La movilización de Andalucía reparó la desigualdad constitucional en la organización territorial del Estado. Pero la dinámica política posterior, creada por gobiernos que siempre se han apoyado en los nacionalismos del norte, han propiciado un federalismo asimétrico que hoy conduce a una mutación constitucional de carácter confederal donde se consagra la desigualdad de los ciudadanos españoles dependiendo de la región en que vivan.

* * *

Dos son los vectores que erosionan el barco de la libertad, de la democracia en España. El primero de ellos es la ocupación partidista de los contrapesos del Estado, instituciones que debieran ser independientes, desconociendo los límites del poder. Y el segundo de ellos es la organización territorial del Estado que al quedar abierta en la Constitución permite que los nacionalistas determinen la dinámica y evolución de la misma poniendo en riesgo la unidad del Estado. Estos vectores alcanzan su máxima capacidad erosionante en contextos como el actual en el que no existe lealtad constitucional ni solidaridad regional.

Tras la Transición y la integración en la Unión Europea, el sistema democrático español cayó en una partitocracia donde anidaba con facilidad la corrupción. La corrupción es lo que más erosiona las instituciones, y por ello disponer de un sistema eficaz de control y prevención que sea independiente es una exigencia de todo sistema que quiera perdurar. Hay que ir pues a las raíces de la corrupción. Tanto a la más visible que se manifiesta en forma de escándalos públicos, como a la corrupción silenciosa o subyacente que se manifiesta en la colonización institucional. Evitar el deterioro democrático exige la integridad pública como primer requisito.

* * *

Dado el marco institucional con el que nos hemos dotado, la lucha de poder de los grandes partidos se desarrolla alentada por las posibilidades clientelares que el poder confiere. La cultura política clientelar lleva vigente en España desde los tiempos de Pérez Galdós, subsistiendo ante los cambios de régimen. La falta de neutralidad y profesionalidad de las instituciones, fruto de la ocupación partidista de las mismas, conduce al clientelismo. Por eso Luis Garicano nos dice con razón que «hay que desmantelar el aparato de extracción de rentas que tenemos montado»

En general todas las políticas estatistas anestesian el conflicto social, pero acaban erosionando la competitividad y, finalmente, comprometiendo el desarrollo y el bienestar. Cuando los gobiernos eliminan, o reducen los incentivos a la iniciativa privada están creando obstáculos al desarrollo económico. Si se da intervención y se hace por motivos clientelares, el deterioro se acelera. Los populistas, y en no pocas ocasiones los socialistas, recurren a la intervención pública en la economía agravando los fallos del mercado. Independientemente de las intervenciones que hacen por motivos clientelares, suelen buscar un igualitarismo de resultados a corto plazo sin ser capaces de obtener lo principal que es un igualitarismo de oportunidades. Por ello, a largo plazo, suelen condenar a las sociedades donde gobiernan al atraso económico y a la decadencia.

Si en todas y cada una de las instituciones se pone fin al reparto de cromos y se cubren sus puestos conforme a los principios constitucionales de mérito y capacidad, en el acceso al sector público, tendríamos a profesionales independientes y respetados en cada una de las instituciones a las que llegarían en concurso abierto y competitivo. Si no es así, siempre habrá profesionales que sacrifiquen su integridad e independencia en el altar del poder, profesionales de distintos ámbitos que se vinculan al poder y tienen disposición al intercambio mutuo de favores para hacer carrera. Como ocurre ahora en España, donde el acceso a los puestos más altos dependen fundamentalmente de la conexión con el poder, y por lo que muchos, prestándose a este juego, renuncian a su independencia. Por esta razón una de las reformas más necesarias que requiere el Estado español es la profesionalización de todos los cargos de las diferentes Administraciones lejos del reparto partidista actual.

* * *

La crisis económica de 2008 fue el punto de inflexión del mundo surgido en 1945, tras la segunda guerra mundial, de gran crecimiento económico y expansión de la democracia en el mundo. Y tras la crisis creció el populismo también en las sociedades avanzadas. La izquierda poscomunista encontró en el populismo una salida al derrumbamiento de la URSS. Y la extrema derecha vehiculó el descontento general con populismo del otro extremo.

En España, del bipartidismo se pasó al multipartidismo, y con ello a la política de bloques entrando el populismo en el gobierno. Desde entonces, no se han realizado las reformas necesarias, y solo la permanencia en el gobierno es la guía de conducta de quiénes gobiernan.

La fundación americana Heritage puntúa con un cero la salud fiscal de España en 2024. Y España tiene una posición deficiente en términos de libertad económica en los países desarrollados por el excesivo tamaño del Estado y el desequilibrio de las finanzas públicas. En 2024 retrocede del puesto 35 al 36 entre los 43 países más desarrollados según el ILE (Índice de Libertad Económica).

Paralelamente la democracia española ha sufrido un proceso de desestabilización con el intento de golpe de estado desde la Generalitat de Cataluña. El Rey requirió el restablecimiento del orden constitucional y los golpistas catalanes fueron condenados por la justicia. Por sus necesidades de apoyo, el gobierno socialista no sólo los indultó, sino que borró el delito con la Ley de Amnistía que destruye las defensas del orden constitucional. Y nuevamente los nacionalistas catalanes y vascos están forzando al gobierno a una mutación constitucional de carácter confederal. El pacto PSC y ERC, ante el fracaso de la vía golpista, asume la vía vasca consistente en expulsar al Gobierno Central de Cataluña de forma pactada y establecer una relación bilateral.

El Partido Socialista Catalán sirve como instrumento para poner los votos del cinturón rojo de Barcelona al servicio de los intereses de la burguesía supremacista catalana que ahora busca la foralidad fiscal desestabilizando todo el Estado Autonómico. Y hay quien ve en la etapa actual la continuación del procés liderado ahora por los socialistas catalanes. La primera fase es la que han ejecutado los nacionalistas. La segunda fase, la del concierto económico y fiscal es la que va a llevar a cabo el PSC. La tercera y definitiva será la de la independencia.

Para llevar a cabo el programa de investidura de Salvador Illa, ante la imposibilidad constitucional que entraña, tendrán que recurrir como siempre a la deslealtad institucional y desobediencia a la ley, que es lo esencial del procés. Y en la dinámica que lo hace posible cuentan ahora con los dos elementos necesarios para ello: las actuaciones de la

Generalitat en la consecución de sus objetivos, ignorando incluso a la justicia, y la inacción del gobierno de España que se abstendrá de hacer nada que pueda impedir los objetivos nacionalistas.

La perspectiva del cierre constitucional del Estado de las Autonomías como Estado Federal parece alejarse y con ello las posibilidades de desarrollo en pie de igualdad en todo el territorio español. La estabilidad del gobierno de España depende de los acuerdos del llamado bloque confederal. Sin gobernabilidad en Cataluña y País Vasco no hay gobernabilidad en España. Esto parece algo tan evidente hoy para cualquier observador que advierta que el gobierno de Cataluña no se ha negociado entre las fuerzas políticas catalanas; quienes realmente lo ha negociado es Pedro Sánchez, presidente de España, con los nacionalistas catalanes.

El gobierno de Cataluña, como en su día el gobierno de España, se ha negociado con un prófugo de la Justicia en el extranjero. Lo que hace Sánchez es negociar soberanía española con Puigdemon.

Una vez que Sánchez ha aceptado el juego de los chantajistas, está perdido y aceptará cualquier otra demanda de éstos. No importa quemar las naves del Estado para mantenerse a flote. Pero ningún país puede tener futuro premiando una y otra vez a los que declaran ser sus abiertos enemigos y delinquen en sus acciones políticas. Es lo que algunos han llamado la meritocracia delictiva. Como dice Francesc Carrera, se premia a los forajidos para, comportándose como Maduro, conservar el poder, «el premio es continuo: los indultos, la supresión del delito de sedición, la rebaja de la pena en el delito de malversación, la amnistía, y la financiación singular. Después de esto ya sólo queda el referéndum para la independencia».

La financiación autonómica se muestra como la cara más visible de la necesidad que hay de que España se gobierne desde la multilateralidad con voz y voto de todas las Autonomías. Pero Igualmente debiera suceder en otras políticas sectoriales donde tienen competencias. Al fin y al cabo, el Estado de las Autonomías es el marco de convivencia que nos hemos dado los ciudadanos de un país diverso como España.

En España la cuestión identitaria, que cubre casi todo el espacio de la conversación pública, se centra en la coexistencia de varias identidades nacionales, pero con desdén del común cívico. Quizás porque como dice Carmen Iglesias «fue un gran error ceder las competencias de educación a las autonomías porque tenemos una historia común y hay que explicarla. Luego, las Autonomías pueden estudiar su espacio, su tiempo de distinta manera, pero tiene que haber un tronco común». España no es un accidente histórico que como tal desaparecerá. Hablar de España no puede ser flagelarse. Y el sistema educativo tiene que dejar de ser una máquina de adoctrinamiento.

El multiculturalismo en ausencia de una conciencia nacional o europea provoca conflicto creciente de identidades al tener que desenvolverse con los diversos intereses de comunidades culturales sin que haya una base común que cohesione a la sociedad.

El desarrollo de las potencialidades de la Constitución española es una tarea incompleta y aún, casi medio siglo después de su aprobación, pendiente de realizar. Pero España, en estos momentos, adolece de una clase política que tenga brújula moral e intelectual. Y no existe un proyecto reformista en el panorama político español que impulse las reformas que conduzcan a mejorar el marco institucional y con él la calidad de nuestra democracia. En España tiene que surgir un nuevo espíritu de restitución de las instituciones. Y puesto que los partidos tradicionales son incapaces de gestionar su transformación puede que algunos estén llamados a desaparecer.

Hasta ahora los grupos políticos hegemónicos han adoptado una actitud lampedusiana: prometer que todo va a cambiar para que nada cambie. La necesidad de las reformas exige el surgimiento de una tercera vía que parece que en España se resiste a aparecer. Hasta ahora todos los intentos en este sentido han resultado fallidos. Pero como bien dice Félix Ovejero, los resultados electorales no tasan la solvencia de las propuestas políticas, sino solo su aceptación. Por esta razón una derrota electoral no equivale a una derrota de las ideas. Pero de aquí, de la situación que tenemos hoy en España, solo podemos salir votando.

Entre tanto, el progresismo se ha convertido en un cajón de sastre donde todo cabe, los populistas aprovechan las olas de malestar, y la derecha tradicional no tiene proyecto de reforma esperando que el desgaste del actual gobierno les permita alcanzar el gobierno a ellos. Y cuando tal cosa ocurra se conformará en disfrutar del poder unos pocos años en vez de transformar un régimen agotado. Carecen de un programa político valiente y claro, creyendo que existe una mayoría natural que más pronto que tarde le llevará al gobierno. Conciben la alternancia como herencia, como algo que sucederá y por ello no hay más que esperar. Además, tienen una organización política que le configura casi como un partido confederal de pequeños partidos locales de escasa democracia interna.

El resumen final de la situación actual es la de un país con un poder personal por encima de las leyes, donde la división de poderes es casi inexistente, donde avanza la desigualdad jurídica (ley de Amnistía), donde se quiere eliminar todo atisbo de solidaridad por vía de desigualdad fiscal (financiación de Cataluña), donde se produce la satanización de toda crítica, y donde se quiere unos medios de comunicación sometidos al Estado. Y para rematar la situación asistimos a la perversión judicial del Tribunal Constitucional en el que los socialistas inmunizan de delitos a los socialistas. Algunos se preguntan ya si es corrupción sistémica el giro del Tribunal Constitucional como tribunal de casación después de los últimos nombramientos de 2024. La respuesta quizás la tengamos en el artículo que bajo el título *La insólita resurrección del acto político* hace el catedrático de derecho administrativo José Eugenio Soriano, quien en su análisis culmina su diagnóstico afirmando que «7 votos del Tribunal Constitucional para consagrar el mayor desfalco a la democracia y el estado de derecho perpetrado desde la más absoluta corrupción».

Parece que el número 7 se ha vuelto fatídico para España. 7 eran también los votos necesarios para hacer presidente a Pedro Sánchez.

* * *

En el tardo franquismo promovíamos la conquista de la democracia, y hoy hay que ir pensando en la resistencia democrática en España. Y ello porque la promesa democrática de ayer se desvanece hoy dado el proceso político que vivimos camino de la iliberalidad, donde la autocracia funciona bajo la máxima de que el poder es derecho.

Los ciudadanos en última instancia tenemos la responsabilidad de nuestro devenir, ya que la aceptación de las políticas públicas es una exigencia inexcusable tanto para la eficacia de las políticas como sobre todo para la legitimidad de las mismas. La culpa política alcanza también al ciudadano cuando, ante las mentiras y transgresiones de la ley de sus líderes políticos, ignora su responsabilidad como ciudadano y se comporta leal a ellos por patriotismo de partido. Por eso, para que emerjan buenos ciudadanos, hay que sustituir con el conocimiento el adoctrinamiento al que están sujetos. Abandonar el patriotismo de partido requiere fortalecer la cultura política y la responsabilidad cívica. Puesto que somos el único país de la Unión Europea que no da formación política a los ciudadanos, el esfuerzo ciudadano tendrá que ser aún mayor en estas circunstancias.

Acierta Eloy García cuando nos alerta de que la práctica constitucional española ha adolecido desde 1978 de un cierto déficit democrático que ahora se agrava hasta correr peligro de convertirse en la nueva naturaleza política.

Los que gobiernan en estos momentos llevan a cabo una Reforma Constitucional, disfrazada con toda clase de tretas, que constituye una involución democrática. España parece no tener timón en medio de una gran tormenta. Cuando el barco de la libertad que es la democracia sigue una derrota que es errónea, la tripulación tiene que corregir el rumbo y situar al timón a navegantes que sepan y quieran leer la carta de navegación democrática. La democracia es frágil y humana, y su éxito depende de lo bien o mal que su población gestione sus propios deseos y apetencias. Tener una sociedad civil vigorosa es condición de posibilidad para una sociedad abierta democrática.